Einführung

Dies ist der Bericht eines Bipolaren. Meine Erzählung und meine Abenteuer sind ebenso märchenhaft, magisch wie verrückt und chaotisch. Ich werde Ihnen von meinen vielen Abenteuern, Entdeckungen und meiner Reise durch die Risse der Realität berichten. Diese Krankheit ist für den Betroffenen schwer zu ertragen, wie sie auch für die Außenwelt komplex zu verstehen ist. Manische oder euphorische Zustände sind Zustände der Erregung, in denen wir uns übermenschlich fühlen, und im Gegensatz dazu sind depressive Zustände Zustände von großer Not, in denen wir uns fehlbar und untermenschlich fühlen. Ohne eine angemessene Behandlung würde ich zwischen diesen Zuständen schwanken und ein schwarzes Leben in meinem lichtlosen Zimmer oder ein weißes Leben wie die Kittel der Pfleger in einem Krankenhaus führen.

Ich habe mich lange Zeit gegen die Tatsache gewehrt, dass ich eine Schwäche habe, dass ich an einer psychischen Krankheit leide. Ich dachte, und manchmal denke ich das immer noch, dass die erlebten Ereignisse nicht das Ergebnis einer psychischen Schwäche waren, sondern vielmehr eine Botschaft, eine Mission im Auftrag einer höheren Macht. Was ist normaler als der Glaube an sich selbst, und sei es nur für eine gewisse Zeit? All das war, (schien) so sehr, aber so sehr real.

In manischen Anfällen hatte ich das Gefühl, das ganze Universum zu verändern, umzuwandeln, zu programmieren und den Fehler zu finden, wie ein Spermium, das die Eizelle befruchtet, doch in diesem Fall war die Eizelle die Erde und das Spermium war ich. Durch meine Krankheit habe ich viele Freunde verloren oder einige, die nicht wirklich Freunde waren. In Wirklichkeit waren es nur Menschen auf der Durchreise, die dich ausnutzen, wenn es dir gut geht, und dich verlassen, wenn es dir schlecht geht, die gleiche Art von Menschen, die nur gesunde Tiere aus Zoohandlungen nehmen und diejenigen, die sie am meisten brauchen, am Straßenrand im Stich lassen.

Ich will solchen Menschen nichts Böses. Ich weiß jedoch, dass das Leben sie irgendwann, früher oder später, auf den Boden der harten Realität bringen wird. Und wenn dieser Tag kommt, soll niemand um sie weinen, damit sie erkennen, wie verzweifelt ein einsamer, schwer verletzter Mensch in einer Welt wie der unseren ist.

Ich bin jetzt mit Teralithe[1] stabilisiert, nachdem ich eine ganze Reihe von Tabletten ausprobiert habe, nach sechs Anfällen, von denen fünf manisch waren, und den Folgen eines solchen Chaos, nehme ich an, dass ich endlich mein Studium fortsetzen kann, ohne es sofort zu beenden. Ich hoffe also, dass ich mein Ziel, ein großes Studium zu absolvieren, erreichen kann und endlich eine Karriere in einem leidenschaftlichen Beruf machen kann, egal in welchem, da mich sehr viele Bereiche ansprechen.

---

[1] Medikament zur Grundbehandlung von bipolaren Störungen. Es ist ein Stimmungsregulator (Thymo-Regulator), dessen Wirkstoff ein Lithiumsalz ist (♫ Nirvana-Titel: Lithium).

Ich stelle mich vor, mein Name ist Alexandre Bertorello, dunkelhaarig mit grünen Augen, eher zierlich und 1,83 m groß, sodass Sie meinen Diminutiv Alex ohne Angst vor Repressalien verwenden können. Außerdem wurde ich am 29. Oktober 1994 in Toulon geboren, im mittlerweile zerstörten Krankenhaus Font Pré. Es ist die Hauptstadt von etwa einhundertvierundachtzigtausend Einwohnern des Departements Var im Südosten Frankreichs, mit seiner Mittelmeerreede, die oft als die schönste Europas bezeichnet wird, und seinem Militärhafen, der seinerseits der größte des Kontinents ist.

Während ich Ihnen schreibe, es ist April 2019, lebe ich in Carnoules, einem kleinen, charmanten Dorf im Herzen des Departements Var mit etwa dreitausendfünfhundert Einwohnern, dessen Wahrzeichen eine Lokomotive ist, von der sich eine am Eingang des Dorfes befindet. Dieses Wahrzeichen ist nicht zufällig eines, da Carnoules vor dem Zweiten Weltkrieg den größten Bahnhof zwischen Nizza und Marseille darstellte. Ich lebe also derzeit bei meinen Großeltern und bin 24 Jahre alt.

Ich interessiere mich für alle Bereiche des Lebens und vor allem für die Liebe, da ich der Meinung bin, dass die Liebe das einzige und wahre Streben unserer Existenz auf diesem Planeten ist. Ich liebe die Natur und Tiere, vor allem Vögel, insbesondere Raubvögel, die ich schon immer geliebt habe. Wenn ich auch keinen Adler habe, so habe ich doch eine kleine Zucht von Wellensittichen, die ich regelmäßig beobachten kann. Um ehrlich zu sein, schreibe ich gerade vor dem Hintergrund ihres Gezwitschers in der Nähe ihrer Voliere. Außerdem muss ich betonen, dass das Haus meiner Großeltern eine ideale

Umgebung ist, um Ruhe und Inspiration zu finden. Mit einem sehr schönen Blick auf Notre Dame des Anges .[2]

Abschließend und zurück zum Thema des Buches: Ich lebe auch in extremen Ländern, denn falls Sie es noch nicht begriffen haben, leide ich an einer bipolaren Störung vom Typ 1. Diese Art der Bipolarität ist durch das Auftreten einer oder mehrerer manischer Episoden gekennzeichnet, die von schweren depressiven Phasen begleitet werden oder nicht. Um Ihnen einfach zu definieren, was ein manischer Anfall ist: Es ist ein Zustand großer Euphorie mit gehobener Stimmung, einem Gefühl der Allmacht und des Größenwahns. Diesem geht meist eine Phase der Hypomanie voraus, die eine weniger intensive Form der Manie darstellt und eher für das Leben in der Gesellschaft geeignet ist.

Das Paar Hypomanie und Depression kennzeichnet Menschen mit bipolaren Störungen des Typs 2, denen die manischen Ausbrüche des Typs 1 fehlen und die daher viel eher zu Depressionen neigen als zu euphorischen Zuständen etc.

---

[2] Im Anschluss an das Buch wird dieser Ort beschrieben.

Kapitel 1
Der Anfang

Ich bin froh, dass ich eine Freundin habe, auch wenn meine Schwiegereltern mich nicht mögen, weil ich mit ihrer Tochter rauche. Es war so banal zu rauchen, alle taten es und priesen die Substanz als Medizin, die die Weisen konsumieren, um intellektuell zu wachsen.

Aber das ist alles eine Täuschung. Drogen reiten auf der Welle der menschlichen Not, indem sie den Menschen eine Zuflucht bieten, eine Täuschung, die sie direkt in den totalen Amorphismus schickt. Kurz gesagt, ich hatte eine sehr komplizierte Kindheit, viele Umzüge, viel Verantwortung in jungen Jahren und Eltern, die sich im Krieg befanden. Sechs Jahre lang nach meiner Geburt war alles zum Besten bestellt, ich lebte in unserem Familienhaus in Le Luc en Provence. Ein sehr schönes Dorf, ebenfalls im Herzen des Departements Var gelegen, mit zehntausenddreihundert Einwohnern und einem sechseckigen Turm in der Mitte, der das Dorf überragt. Kurz gesagt, ein ausgeglichenes Leben und präsente Eltern. Als ich sechs Jahre alt war, wurde mein Bruder Elie geboren, eine ganz normale Familie, die sich vergrößert. Als ich acht Jahre alt war, beschlossen meine Eltern, nach Spanien zu ziehen. Ich war dagegen, aber was sollte ich machen? Ich würde alle meine Freunde und meine kleine Freundin aus der Grundschule verlieren, um in ein Land zu gehen, dessen Sprache ich nicht einmal kannte.

Wir fuhren dorthin und kamen in unserem "Strandstudio" in La Pineda de Salou an, einer sehr touristischen Stadt in der Provinz Tarragona in Katalonien, mit falschen Eisenbäumen, die den Strand entlanglaufen, als Symbol. Das Dorf liegt am Mittelmeer und am Rande eines großen Industriegebiets und eines großen Vergnügungsparks "Port Aventura".

Meine Eltern hatten beschlossen, dass ich ganz allein mit dem Bus zu einer spanisch-französischen Schule fahren sollte, die mehrere Kilometer von La Pineda entfernt lag. Am ersten Tag begleitete mich mein 33-jähriger Vater, der mit Vornamen Jean-Luc heißt und von seinen Freunden "Lucky" genannt wird, auf dieser für mich zu diesem Zeitpunkt so beängstigenden Reise. Glücklicherweise gab er die Idee schnell wieder auf, da es für einen Achtjährigen so kompliziert war, all diese Busse allein zu nehmen. Er schickte mich in die spanische Schule in La Pineda und jeden Morgen und Abend fuhr ich mit dem Fahrrad durch die Stadt und am Strand entlang, um in die dritte Klasse zu kommen. Alles lief gut, ich begann, mich an dieses Leben zu gewöhnen, hatte eine Vielzahl von Freunden und beherrschte die spanische Sprache ziemlich gut. Ich erinnere mich daran, dass ich in den Geschäften anhielt, um Pokémon-Karten und Beyblade-Kreisel für die Kenner zu kaufen.

Am Ende des Schuljahres zogen wir in ein sehr großes Dorfhaus um, das mein Vater in Riudoms gekauft hatte, einem Dorf mit sechstausendsechshundert Einwohnern und dem Geburtsort des katalanischen Stararchitekten Antoni Gaudí, dem Erbauer der Sagrada Familia in Barcelona. Riudoms, ein Dorf mit seiner berühmten Kirche Saint Jaume aus dem XVIe Jahrhundert, einer wunderschönen Kirche. Nach dem Umzug kamen die Probleme.

Meine Mutter hatte eine Leidenschaft für Hexerei und Wahrsagerei und war mit einigen Verrückten zusammen, die ihr sagten, dass mein Vater böse sei, und so weiter. Ich glaube, ich habe das von ihr geerbt, abgesehen davon, dass sie sich nie um sich selbst gekümmert hat.

Von da an hat meine Mutter meinen zweijährigen Bruder Elie und mich für ein paar Monate nach Frankreich zurückgebracht, dann haben sie sich wieder versöhnt. Wir kehrten also nach Spanien zurück, aber die Streitigkeiten wurden immer heftiger und ich hatte Angst, dass es zu einem Mord kommen könnte. Ich war mit Elie im Wohnzimmer und die Teller flogen, einer streifte sogar seinen Schädel und explodierte auf der Treppe.

Ehrlich gesagt war das wirklich keine Erfahrung, die man für zwei Kinder machen sollte, wenn man nicht will, dass sie später Probleme und Blockaden haben. Schließlich holte uns unsere Mutter ab und brachte uns mit ihr zurück nach Frankreich, zum Ausgangspunkt in Le Luc en Provence, in eine Wohnung. Es war das fünfte Mal, dass ich die Schule wechselte, bis zu dem Punkt, an dem für mich der Begriff Freundschaft nichts mehr bedeutete.

Kurzum, mein Vater kehrte nach Frankreich zurück und erhielt das gemeinsame Sorgerecht, so dass jedes zweite Wochenende Krieg herrschte, sie schlugen sich auf der Straße vor allen Leuten, unsere Kinderspalten waren weit geöffnet und sie vertieften sie weiter.

Um meinem Vater zu entfliehen, beschloss meine Mutter am Ende der fünften Klasse, mit Elie und mir auf die Insel La Réunion zu gehen, eine kleine paradiesische Insel, obwohl man sich dort schnell umsehen konnte. Wir wohnten im Dorf Les Avirons mit elfzehntausendvierhundert Einwohnern, das von wunderschönen einheimischen Pflanzen und Bäumen bevölkert war, oberhalb des Dorfes L'Étang-Salé mit seinen Stränden aus schwarzem Vulkansand.

Es war das sechste Mal, dass ich die Schule wechselte. Ich kam diesmal in der 6□in die Schule, jeden Abend ging meine Mutter entweder aus oder brachte einen Mann nach Hause, ich überlasse es Ihnen, sich vorzustellen, was es im Kopf eines Kindes anrichtet, zu wissen, dass seine Mutter einer Prostituierten ähnelt. Mein Bruder weinte abends, wenn meine Mutter ausging, und ich tröstete ihn mit meiner Anwesenheit.

Man merkt, dass die Tatsache, dass man Mutter ist, noch lange keine Garantie dafür ist, dass man eine Erwachsene ist, die sich selbst respektiert. So hatte ich genug von ihr und sie hatte genug von uns, sie peitschte uns mit dem Gürtel aus, wenn wir etwas falsch machten. Ich habe auch alles dafür getan, dass sie uns zu unserem Vater zurückschickt, und das hat sie nach meiner 6□auch getan.

So landeten wir auf dem schäbigen Flughafen der zweitgrößten französischen Stadt, Marseille im Département Bouches-du-Rhône, um bei unseren Großeltern in Carnoules zu leben, und es war wirklich cool, zu den Wurzeln zurückzukehren. Außerdem fehlte es uns an nichts mehr, wir hatten PlayStation bekommen, wir waren glücklich, die Galeere war vorbei.

Eine Psychologin riet meiner Großmutter, die mit Vornamen Marlene hieß, brünett, braune Augen und lockiges Haar wie ich hatte und heute 72 Jahre alt war, mich zu einem Psychiater zu bringen.

Natürlich hatte ich kein Bedürfnis danach, ich fühlte mich wohl und völlig angepasst. Sie hörte mir zu und gab die Idee, mir eine solche Betreuung aufzuzwingen, schnell auf.

So besuchte ich das Collège, indem ich allein in einer kleinen Einzimmerwohnung unter dem Haus meiner Großeltern in Carnoules wohnte, da mein Vater zu dieser Zeit in Spanien lebte. Nachdem ich mein "brevet des collèges" erhalten hatte, besuchte ich das Lycée Jean-Aicard in Hyères Les Palmiers, einer sehr schönen, touristischen Stadt im Département Var mit vierundfünfzigtausend Einwohnern, und lebte im Haus meiner Großmutter, das mein Vater in Carnoules gekauft hatte. Er selbst war aus Spanien zurückgekehrt und lebte bei seiner neuen Freundin in Gonfaron, einer Gemeinde im Herzen des Departements Var mit ebenfalls viertausend Einwohnern. Das ist die Mutter meines 2□ kleinen Bruders, sie heißt Clara.

All das soll Ihnen sagen, dass ich ab der Mittelstufe allein lebte und ab der Oberstufe, als ich also 15 Jahre alt war, selbstständig war und meine Mahlzeiten und die Hausarbeit allein bewältigte. Mein Vater gab mir ein Ticket für die Woche, ich konnte mich also ehrlich gesagt nicht beschweren. Als ich 18 Jahre alt war, reiste ich mit meinem Vater während meines wissenschaftlichen Abschlussjahres nach Lateinamerika, nach Argentinien, aber vor allem nach Paraguay. Es war wirklich ein Paradies mit wunderbaren Menschen, einem feuchtwarmen Klima und menschlicher Wärme. Ich habe es sehr genossen, mit dem Motorrad ohne Helm zu fahren oder mit einem sehr guten "Freund" von mir die Kuhherde zu führen.

Außerdem will dich dort jeder einladen, den Abend bei ihm zu verbringen. Es ist also sehr schwer, diesen netten Leuten ihre Gastfreundschaft zu verweigern, aber da man sich für diese Leute trotzdem nicht verdoppeln kann. Ich verbrachte meine Abende bei Freunden in Caacupé, einer Stadt mit zwanzigtausend Einwohnern, die mit ihrer Kathedrale und Basilika Notre-Dame-des-Miracles ein wichtiger Wallfahrtsort für Paraguay ist.

Als ich zurückkam, war ich so blasiert von der Rückkehr in den Westen, dass ich mindestens eine Woche damit verbringen musste, nicht mehr für den Unterricht in der Schule zu lernen. Dann lernte ich Anna kennen, ein wunderschönes und sehr süßes Blümchen mit hellbraunem Haar und wunderschönen blauen Augen, die ein Jahr jünger war als ich und in die elfte Klasse der Literaturschule ging. Kurzum, meine erste richtige kleine Freundin in der Schule. Wir verbrachten unsere Tage flatterhaft bei mir zu Hause, wir rauchten zusammen und ich fuhr sie regelmäßig auf meinem 50-cm^3-Roller zu Ecken in der Natur, insbesondere zum Fluss Réal Martin[3] in Puget-Ville. Das ist das erste ländliche Dorf östlich von Toulon mit viertausenddreihundert Einwohnern.
Ich habe mein wissenschaftliches Abitur gemacht, ohne mich groß darum zu kümmern, denn Anna war meine Priorität, meine Leidenschaft, kurz gesagt, meine erste große Liebe. Ich habe versucht, sie davon zu überzeugen, nicht zu studieren, aber nein, ihre Eltern haben alles getan, damit sie zu ihnen zurückkehrt und sie ist zurückgekehrt.

Am 29. Oktober 2013 entschied ich mich, anstatt direkt mit einem Postbac-Studium zu beginnen, ein Sabbatjahr einzulegen und an meinem Geburtstag, meinem 19. Geburtstag, ein Sabbatjahr zu nehmen. Ich hatte über soziale Netzwerke eine Nachricht von meiner Mutter

---

[3] Martin: Vorname meines "besten Freundes" in der Schule.

erhalten, von der ich acht Jahre lang nichts mehr gehört hatte.

Sie wollte, dass ich sie in Neukaledonien besuche, was ich auch tat. Sie lud mich zu sich nach Dumbéa ein, einer Partnerstadt von Nouméa, der kleinen Hauptstadt der Kanaken[4] mit vierundachtzigtausend Einwohnern. Wir gerieten oft aneinander, sie war verrückt und empfindlich bei jeder Kleinigkeit, die ich sagte.

Außerdem stand am Pool eine Buddha-Statue, deren rechtes Auge zu weinen begann, und meine Mutter sagte mir, dass es meine Schuld sei. Außerdem hatte sie mich in einem Wutanfall sogar auf die Straße gesetzt. Zum Glück hatte ich die Nacht bei tollen Leuten in Nouméa verbracht, die mich freundlicherweise aufgenommen hatten, und sie holte mich am nächsten Tag wieder ab. Kurz gesagt, ich hatte genug, ich war abgestumpft, es wurde immer schwerer, bis mein Stiefvater und sie beschlossen, mich nach Neuseeland zu schicken, unter dem Vorwand, mir einen Abenteuerurlaub zu ermöglichen. Ich hatte verstanden, dass sie mich loswerden wollten, und ich war froh, dass ich allein ein neues Land entdecken konnte. Sie bezahlten mir das Flugticket und gaben mir 600 Dollar Taschengeld für zehn Tage und ich fuhr hin.

Ich hatte mich noch nie so frei und glücklich gefühlt wie nach dieser Reise. Ich war in Auckland gelandet, das nicht die Hauptstadt, sondern die bevölkerungsreichste Stadt Neuseelands auf der Nordinsel ist, mit über 1,5 Millionen Einwohnern und zwölf Stunden Zeitunterschied zu Frankreich. Da ich wusste, dass die Zeitverschiebung

[4] Das Kanak-Volk ist ein französisch-melanesisches Urvolk in Neukaledonien.

neben Konflikten, Rollenwechsel, sozialer Isolation und Trauer einer der Gründe ist, die zu einer Dekompensation führen können, war dies vielleicht eine der Bedingungen, die dazu führten, dass ich nach dieser Reise meinen ersten Anfall auslöste. So kam ich in einem "Backpacker[5]" in der Stadt unter.

Ich hatte einem Uruguayer, der seine Reise um die beiden Inseln beendet hatte, für 5 Dollar ein Zelt abgekauft, weil ich aus Prinzip zelten gehen wollte und nicht ohne Geld dastehen wollte. Ich nahm den Bus in Richtung des Dorfes, das wegen seines Sees einen beißenden Schwefelgeruch hatte, das Dorf Rotoroa, wo ich eine Nacht ebenfalls in einem Hostel übernachtete. Ehrlich gesagt war es herrlich, sich im Land des "Herrn der Ringe" zu befinden, denn die Bürgersteige waren von der vulkanischen Aktivität unter dem Boden aufgesprengt und das Dorf war übersät mit Häusern im Maori-Stil. Ich traf übrigens einen Maori[6], den ich unter meine Fittiche genommen hatte, dem ich morgens das Frühstück bezahlte und der mir beigebracht hatte, "Ko Alek takou

---

[5] Backpapers" sind Jugendherbergen, in denen man mit Menschen aller Ethnien und vor allem mit Südamerikanern zusammenkommt, da der Kontinent Neuseeland recht nahe liegt

[6] Die Maori sind ein polynesisches indigenes Volk, das in Neuseeland ansässig ist. Einige von ihnen sind übrigens tolle Rugbyspieler mit ihrer Nationalmannschaft All-Blacks und ihrer Choreografie zu Beginn eines Spiels, dem Haka, den ich bewundere und der mich an den Totentanz erinnert.

ingaoa" und viele andere kleine Sätze zu sagen, falls ich in einen Stamm geraten sollte, was jedoch nicht geschah.

Am 30. Dezember 2013 packte ich meinen Rucksack und machte mich auf den Weg nach Taupo, einer Stadt mit fünfundzwanzigtausendvierhundert Einwohnern im Nordosten eines wunderschönen Sees mit Blick auf den Vulkan Tongariro, oder Mordor für die Kenner der "Herren der Ringe".

Ich verbrachte also meinen Silvestertag damit, in Taupo zu feiern, mit einer schlaflosen Nacht, was immer noch ein Synchronisationswürfel ist, der mit einem gesunden Lebensrhythmus für die geistige Gesundheit unvereinbar ist. Aber wenn man jung ist, ist es das Letzte, woran man denkt, dass man einen guten Lebensrhythmus hat, vor allem an einem besonderen Tag wie Silvester und in einem Land, das komplett im Westen der Welt liegt.

Am nächsten Tag, also am ersten Tag des Jahres 2014, machte ich mich mit meinem Rucksack und meinem Zelt auf den Weg in die Wildnis oberhalb von Taupo, das eigentliche Abenteuer hatte begonnen. Ich wanderte wahllos auf Pfaden, bis ich eine Wasserstelle mit einer heißen Quelle am Ufer des Waikato-Flusses fand, wo ich bei etwa 30 Grad badete und alle möglichen Leute aus der ganzen Welt zusammenkamen. Ich unterhielt mich lange mit einer Amerikanerin, einer sehr interessanten Mutter, und fuhr dann noch etwa zehn Kilometer weiter, bis ich auf einem öffentlichen Campingplatz landete, wo ich schnell mein Zelt aufschlug.

Die Sonne begann zu verschwinden und ich hatte meine Thunfischdosen aufgegessen. In meiner wunderschönen blauen 5-Dollar-Wohnung gab es jede Menge Kriebelmücken, aber das beunruhigte mich nicht; schließlich sind Kriebelmücken keine Moskitos, also schlief ich ein wie ein Amboss. Am nächsten Tag wachte ich mit "tonnenweise" roten Flecken auf meinem Körper auf; in Wahrheit hießen die Viecher, die ich für Kriebelmücken gehalten hatte, "Sandflies", nichts anderes als ein neuseeländisches Plagegetier, das wie die Mücke Blut saugt und dafür sorgt, dass man sich danach juckt. Kurz gesagt, das Erwachen war sehr angenehm. Ich beschwere mich nie, also ist es okay, ich habe mein Zelt stehen lassen. So machte ich mich rückwärts wieder auf den Weg, um früh am Morgen mein Bad in der heißen Quelle zu nehmen. Nachdem ich diesen verlockenden Moment genossen hatte, machte ich mich auf den Weg, um die Huka-Fälle zu besichtigen. Es sind sehr heftige Wasserfälle, die von einigen Verrückten in Kanus durchquert werden, was ziemlich beeindruckend ist.

Am nächsten Tag besuchte ich die "Mondkrater", einen wirklich magischen Ort mit starker vulkanischer Aktivität und Löchern aus kochendem Wasser und Schwefel, in denen die Maori ihr Essen zubereiteten; es war wirklich toll.

Es waren unerwartet neun Tage vergangen und ich musste mich also darauf vorbereiten, zu meiner Mutter nach Neukaledonien zurückzukehren. Was ich widerwillig tat und zum Flughafen von Auckland zurückkehrte, um nach Nouméa zu fahren. Zurück bei meiner Mutter wartete ich darauf, dass die Zeit wie vor der Reise zu den Maori verging, bis es für mich an der Zeit war, nach Metropolitan Area zurückzukehren. Als ich zurückkehrte, begann ich regelmäßig zu rauchen und schloss mich in einer Blase ein. Ich hatte so viel auf einmal erlebt, dass der Druck in meinem Inneren immer größer wurde...

Kapitel 2
Die göttliche Krise

Der Druck wurde immer größer, ich schrieb nur noch tonnenweise Satzfetzen in die sozialen Netzwerke, alles, was mir durch den Kopf ging, ich konnte nicht mehr schlafen oder essen, ich verwirklichte meine Leidenschaft, nachzudenken und zu teilen. Was mich leitete, war die Liebe, ich wollte meine Prinzessin finden, die meine Tränen abwischen würde, ich liebte Anna immer noch. Ich hatte auch diese Art von Wahnvorstellungen, ich hielt mich für den Auserwählten, den kleinen Prinzen, der auf dem Mond sitzt. Aber ich war es, meine Wahnvorstellungen entsprachen der Realität, ich war so traurig und einsam, dass ich all das ausschmückte und mein Leben mit Fantasie schmückte, es war ein großer Notruf, den ich an das Universum richtete. Plötzlich empfing ich wie einen Energiestrom, der vom Himmel in meinen Schädel floss und in meinem Kopf ein kontinuierliches "vrouwwww" machte. Da war ein zwei Jahre jüngeres Mädchen namens Camille, eine wunderschöne, zierliche Venuskreatur mit roten Haaren und grünen Augen, die wie ich in Carnoules lebte. Sie sprach mich über soziale Netzwerke an und ich dachte sofort, dass sie mir eine Nachricht überbringen wollte. Ich war in meiner eigenen Welt und wenn ich mit ihr sprach, war es, als würde sie auf meine Wahnvorstellungen antworten und mich darin bestärken, obwohl das in Wirklichkeit überhaupt nicht der Fall war. In meiner Fantasie sprach ich nicht mit Camille, sondern mit Mutter Natur.

Anfangs war es wie ein Kampf zwischen meiner blauen männlichen Energie von Vater Himmel und ihrer roten weiblichen Menstruationsenergie von Mutter Erde, ich war durch den Energiefluss, der mir "gegeben" wurde, geschützt.

Nachdem ich die Wut, die sie in mir auslöste, besänftigt hatte, wurde sie ganz zahm. Ich war bereits verrückt nach ihr und hielt sie wirklich für diese Naturgöttin. In meinem Universum erzählte sie mir, dass sie wie durch einen Fluch in der Materie gefangen war. Ich wollte sie also befreien, sie, meine Frau, die Muttergöttin, und mich, den Mann, den Himmelsvater. Ich wollte die Welt in ihrer Gegenwart erobern, aber alles, was ich mir vor allem wünschte, war ihre Liebe, von der ich mir vorstellte, dass sie all mein Leid betäuben würde.

Das Leiden, das durch meine abgrundtiefen Wunden entstand, die nur hypersensible Wesen kennen können, eine Krankheit, die sich im Laufe ihrer Existenz gebildet hat und die am meisten gefürchtet ist. Ich war verrückt, verrückt nach ihr, aber auch verrückt nach ihnen, nach all den weiblichen Figuren, für die ich mehr oder weniger geschwärmt hatte, obwohl meine größte Schwäche sie war, Camille.

In der Nacht setzte ich mich also auf meinen Motorroller und machte mich auf die Suche nach der Wahrheit. Ich wollte Antworten finden, da ich mich in einem intellektuellen Chaos befand und völlig inkohärent war. Meine Wahnvorstellungen befanden sich noch im Aufbau, wir waren in den Anfängen, daher chaotisch und ohne jegliche Finesse. Ich wollte wissen, welches Mädchen es mir ermöglicht hatte, durch Camille mit meiner jenseitigen Göttin zu sprechen, und wer ihr Vermittler war. Ich dachte an Anna, die berühmte Camille und an

Noémie, mit der ich auf Facebook chattete. Jede von ihnen hatte unterschiedliche Augen, blaue, grüne und schwarze. Ich assoziierte die drei Farben mit den Kräften eines weiblichen Trios, das mir eine Botschaft aus dem Jenseits übermitteln sollte. Ich dachte, diese drei Mädchen, die eine Beziehung mit mir gehabt hatten, hätten die Aufgabe, mich zu führen, mich, den Auserwählten der Göttin "Hylia", der Göttin des Himmels "Heilige Jungfrau", ich war Link[7] und suchte Zelda, die Prinzessin.

Mit meinem Motorroller fuhr ich zu Annas Dorf Pierrefeu, einem Dorf, das vom Real Martin wie "ein Fels" inmitten von Hyères, Puget-ville, Collobrières und Cuers in der Metropolregion Toulon Provence Méditerranée bewässert wird. Ich suchte sie überall, kletterte durch Tore, sprach mit Leuten, die sie kannte, die mich zu ihr führten, und fand sie schließlich im Kreise ihrer Freunde. Sie drängten mich von ihr weg, sie flüchtete zu ihren Eltern und ich wollte nur mit ihr reden. Ihre Eltern versperrten mir den Weg, nahmen ihr Telefon und riefen die Polizei.

---

[7] Link: Held aus dem japanischen Spiel "The Legend of Zelda", das auf Englisch mit "Link" übersetzt wird.

Sie ließen mich in ihren Kangoo steigen und brachten mich in ihr Hauptquartier. Dort war eine Gendarmeriebeamtin mit blauen Augen wie die von Anna, ich dachte, sie sollte mir eine Nachricht überbringen, also jagte ich sie durch die Gendarmerie und sie lachte, mein Vater kam wütend an. Ich wollte nicht zu ihm zurück, also riefen die Gendarmen die Feuerwehr an, die mich in ihren Wagen setzte und mich ins Krankenhaus brachte. Als ich dort ankam, sagten sie mir: "Du kannst jetzt hier weggehen oder ins Krankenhaus gehen", zunächst wollte ich gehen, aber in meinem Delirium entschied ich mich für das Krankenhaus, ich dachte, es ginge darum, meinem prophetischen Weg zu folgen, also ging ich hinein, sie fesselten mich auf einem Bett an allen vier Enden, Hände und Füße an die Bettkanten gebunden.

Es ist ein schreckliches Gefühl, aber ich dachte, es sei ein Test, eine Kreuzigung, ich war zu Jesus geworden und das weiße Laken auf meinem Krankenhausbett stellte mein Turiner Grabtuch dar. Nach großem Gezeter in meiner Krankenhauszelle kam der Arzt mit ein paar Krankenschwestern, die mir eine Spritze gaben, die mich in den Dämmerschlaf des Nichts versetzte.

Als ich aufwachte, lag ich in Boxershorts in einem Zimmer, voller Infusionen, ich kann nicht sagen, wie lange ich geschlafen hatte. Ich riss mir alles aus und verließ das Bett und als ich mich in Gängen befand, sah mich eine

Krankenschwester so fast nackt und kam, um mich in mein Zimmer zu begleiten und sagte mir, ich solle mich wieder anziehen.

Es war soweit: Ende August 2014 war ich in der Psychiatrie gelandet, aber das bedeutete nicht, dass ich wieder auf die Erde zurückgekehrt wäre ... Es war das erste Mal, dass ich eingesperrt wurde, und wie ich bereits erwähnt hatte, war ich auf einer Mission. Ich sah den Pflegekörper als denjenigen, der mich meiner Träume, meines Fortschritts in Richtung Erleuchtung berauben wollte.

Ich verbrachte meine Tage damit, Gedichte zu schreiben, in der Hoffnung, das Bewusstsein zu ändern, es war ein echter Kampf. Ich liebte es, mit einigen Psychiatern zu diskutieren, sie hatten die Glühbirne über ihrem Kopf und verstanden meine Krankheit. Besonders einer war sehr ruhig und freundlich, obwohl ich weit in der Stratosphäre war. Er las meine Schriften und Gedichte und versuchte, meine Wut zu besänftigen, indem er versuchte, meine Medikamente zu senken, wie ich es verlangte, obwohl ich sie letztendlich nie nahm, sondern die Pillen unter der Zunge versteckte und sie ausspuckte. Was mich an den Medikamenten erinnerte, war die Silbe "ment" von lügen.

Ich sorgte für Spannungen unter den Pflegern, einige tolerierten nicht die Tatsache, dass ich nicht sehr viele Medikamente einnehmen musste, während andere nichts sagten. Eines Tages erhöhten sie meine Medikation und ich nahm sie. Daraufhin täuschte ich eine Bewusstlosigkeit vor, das war nur, um den Eindruck zu erwecken, dass die Medikamente zu stark waren, und um sie nicht mehr zu nehmen. Andrea, eine Kollegin am Krankenbett, die mittlerweile an einer Überdosis Drogen gestorben ist, sah, wie ich zu Boden fiel und rief die Pfleger, sie brachten mich auf das Bett der Sprechstunde und natürlich hatte meine Simulation nicht funktioniert, jedenfalls bemerkte ich einen Unterschied zwischen ihnen, einige lachten, andere wurden wütend und die letzten hatten viel Kummer, den ich in ihren Gesichtern sehen konnte. Ich erinnere mich besonders an Vincent, dem ich ein Gedicht gewidmet hatte, in dem ich mit seinem Vornamen, seiner Freundlichkeit, seiner Unschuldsmiene und seinem Mitgefühl spielte, das er im Gegensatz zu den anderen Pflegern, die weniger empathisch und eher autoritär waren, in mir hervorrief. Ich habe das Gedicht allerdings nicht mehr, ich habe sehr viele Gedichte geschrieben und sie sind alle in der Versenkung gelandet. Ich schreibe zwar oft Gedichte, aber ich möchte sie nicht archivieren.

Es war endlich der Tag meiner Entlassung, indem ich das Spiel des geheilten Patienten gut gespielt hatte, ich wurde endlich entlassen, aber die Bestie, die an mir nagte, tat es weiterhin. Ich sah überall Zeichen, ich las die Nummern der Autokennzeichen; die Zahlen und Buchstaben teilten mir eine Botschaft mit, es war ein Zeichen, ein Zeichen von ihr, der, die ich liebe, meiner Begehrten, der, die für mich bestimmt war.

Ich war mir nun sicher, dass es sich um Camille handelte, also warf ich ein Auge auf sie, sprach wieder mit ihr und schlug ihr einen Ausflug vor, den sie auch annahm. Ich nahm sie mit auf den Gipfel des Maures-Gebirges nach Notre Dame des Anges in Pignans, ein fantastisches Stück Natur mit Kastanienbäumen auf dem Gipfel des Maures-Gebirges in 780 m Höhe mit einer Kapelle und einer Antenne, und das alles mit einem Motorroller. Wir haben uns viel unterhalten, sie hat nicht einmal Gras mit mir geraucht, sie war in meinen Augen perfekt, dann hat sich ihre Mutter wohl Sorgen gemacht, dass sie mit mir zusammen ist, und sie und ihr Freund haben ihr gesagt, sie solle nach Hause gehen. Ich habe sie auf meinen Roller gesetzt und sie zur Straße zurückgebracht, wo ihre Eltern sie abgeholt haben.

Beim zweiten Mal sahen wir uns und küssten uns, ich war wirklich verliebt, aber es gab ein Hindernis zwischen uns, das war die Freundschaft ihrer besten Freundin, die sie nicht mehr losließ. Wir sind in meinem Haus schlafen gegangen und ich habe sie die ganze Nacht lang geküsst. Das war toll, aber da ich ein bisschen verrückt bin, dass ich die Dinge falsch interpretiere, wollte ich anfangen, mehr als nur zu küssen, was ihr überhaupt nicht gefiel und sie deshalb nach Hause ging. Letztendlich gefielen mir ihr Kumpel und der Einfluss, den sie auf Camille hatte, nicht, wie übrigens alle verrückten Freundschaftsbeziehungen.

Kurz gesagt, alles was ich wollte, war mit Camille allein zu sein, also weckten der Schmerz und die Frustration das Böse in mir und ich stürzte mich wieder in die Krise, die Lächerlichkeit und den Wahnsinn...

Ich kann mir vorstellen, wie Camille über mich geurteilt haben muss, ich habe mich zu Tode geärgert. Auf der einen Seite wusste ich, dass ich Mist baute, auf der anderen Seite wollte ich noch mehr Öl ins Feuer gießen und noch mehr Mist bauen.

Kapitel 3
Die Urkrise

Ich wohnte fortan bei meinen Großeltern und wurde von ihnen beaufsichtigt. Seit dieser Episode lebte ich in einer Villa auf dem Land, weit weg vom Dorf, und verbrachte meine Tage mit Nichtstun, denn durch meine erste Krise hatte ich den Eintritt ins erste Jahr der Medizin (PACES) an der medizinischen Fakultät in Montpellier verpasst.

Ich weigerte mich, meine Medikamente zu nehmen, und dann dachten alle außer meiner Großmutter, dass ich nicht krank sei und es sich nur um eine späte Teenagerkrise handele. Ich nahm also keine Medikamente und meine Wahnvorstellungen waren da und ich versuchte, sie zu verbergen, aber mein Gehirn arbeitete, es stellte sich eine ganze Welt vor. Ich fürchtete mich vor jedem mystischen Symbol. Ich schrieb immer und immer wieder.

Arbeit immer, als wäre sie die einzig mögliche Quelle des Glücks, die einzige jedenfalls, die meinen Traum von Größe erfüllen konnte, den Spalt zu betreten und zu meiner Göttin zu gelangen, ich war überzeugt, das Höchste zu sein, der König des Ameisenhaufens zu sein, der diese unbedeutende und absurde Menschheit ist. Ich versteckte mich, um zu rauchen, denn meine Großeltern duldeten es überhaupt nicht.

Mein Herzschmerz war durch meine Besessenheit von Camille so groß geworden, dass ich mich auf sie fixierte und sie nicht mehr mit mir sprechen wollte, gleichzeitig kann ich das verstehen, denn ich war angeschossen.

Ich begann mein mystisches Ritual, ich setzte mich auf mein Bett vor meinen PC. So reihte ich Sätze, Wörter, manchmal Zahlen aneinander und es machte für andere Sinn, manchmal überhaupt nicht. Sicher ist, dass ich alles verstand, was ich tat, und alles, was ich tat, hatte einen Sinn, den ich, der Ihnen heute schreibt, weil er stabilisiert ist, nicht einmal mehr verstehen kann.

Alles, was aus meinem Geist kam, kam aus den Abgründen, aus der Hölle, es war die Ablehnung der Flammen in mir, es kochte. Wie es immer brodeln wird, so viel Hass, so viel Wut, so viel Gewalt wohnt in diesen Ländern, dass, wenn man die Türen öffnet, wie ich es getan habe, alles brennt, alles wird vernichtet und verwest; es gibt keine Schönen, keine Guten, keine Sanftheit mehr, es gibt nur noch den Bösen. Sowohl die Hölle als auch der Himmel sind in uns, da können Sie sicher sein.

Ich fing wieder an, nicht zu schlafen oder zu essen, blieb lange wach und meine Großeltern machten sich Sorgen. Nach der dritten schlaflosen Nacht begannen die Träume lebendig zu werden und sich mit der Realität zu vermischen. Ich schrieb, hörte Musik (vor allem Rap) und je mystischer die Klänge waren, desto mehr passten sie zu mir. Ich war total aufgeregt, jeder Ton war für mich bestimmt, es war, als ob die Sänger in meinem Namen sprachen, egal was sie sagten, sie sangen, um sich über mein Leben zu unterhalten, ihre Leiden waren die gleichen wie meine und ihre Gedichte kamen von Gott, also von mir...

Wie gesagt, alles war da, um mir eine Nachricht zu übermitteln, ich hörte keine Stimmen, aber ich verband das, was ich sah, mit der Nachricht meiner "imaginären" Geliebten. Es muss spät in der Nacht gewesen sein, ich war mit meinem kleinen Hund Terri unterwegs, als ich eine Veröffentlichung mit einem Foto las, auf dem ein Hund zu sehen war, der um "Bitte gib mir etwas zu essen" bat. Ich warf einen Blick auf meinen Hund Terri und für meinen Teil fragte er mich das, in meinem Kopf war er hungrig, also stand ich auf, ging in den Raum mit dem Kühlschrank und leerte den gesamten Inhalt des Kühlschranks für ihn auf den Boden. Meine Großmutter kam nach Hause, ich war total wahnhaft, sie schrie vor Wut, ich sagte nur komische Sachen, die nur ich verstand, mein Großvater, mit Vornamen Jean-Pierre, kam dazu und verstand es auch nicht. Er versuchte, mich mit einem Stock zu erschrecken und schlug nach mir, woraufhin ich mein Gesicht mit einem Age-Uke, einer Schutztechnik aus dem Karate, schützte. Als ob alles, was ich gelernt hatte, plötzlich nützlich wurde.

Ich flüchtete in die Landschaft um die Villa meiner Großeltern und zog mich vollständig aus. Ich ging auch auf den Hügel hinter ihrem Haus, ich wollte zurück zur Natur, mich reinigen, indem ich zum primitiven Stadium zurückkehrte, was ich auch tat, ich schlug einen Feldweg ein und folgte ihm bis zum Ende. Ich kletterte barfuß die wilden, dornigen Hügelhänge hinauf, meine Füße bluteten, ich hörte Geräusche, wahrscheinlich Wildschweine. Ich schrie sie an und dachte, es sei das Ungeziefer der Finsternis.

Es war Nacht und ich kannte eine Höhle, eher eine kleine Spalte auf dem Gipfel dieses Hügels (die es wirklich gibt), also ging ich dorthin und ließ mich darin nieder. Die Spalte ist ein bisschen tief und es ist warm, mein Sternzeichen ist Skorpion, also legte ich mich auf den Boden wie ein Insekt zwischen den Spinnen und ihren Netzen. In diesem Moment fühlte ich mich extrem lebendig und frei, hundertmal besser als jeder Zustand, in dem sich ein normaler Mensch befinden kann, ob er nun Drogen genommen hat oder nicht.

Ich schaute auf den Ausgang der Höhle, während ich auf dem Boden der Höhle lag. Ich wartete und dachte, dass ich in die Tiefen der Erde gezogen werden und meinem Schicksal in der Hölle folgen würde, aber nichts davon geschah, mein Gehirn war auf 2000. Ich sah auch durch den Höhleneingang, wie die Nacht zum Tag wurde und sich innerhalb weniger Minuten wieder in die Nacht verwandelte, diese Art von Wahnvorstellungen, die die Psychose, in der ich mich befand, bestätigten.

Ich verließ die Höhle und dachte, ich hätte die Dimension gewechselt. Es war noch dunkel, ich stellte mich an den Eingang der Höhle und sah am Himmel fünf Lichter in der Ferne. Sie waren sehr langsam und nicht so weit vom Boden entfernt, sie näherten sich in meine Richtung. Ich stieg auf halbem Weg den Pfad hinunter, der zur Spitze des Hügels führte, die Lichter bewegten sich weiter und ich schaute hinunter: Es waren fünf dreieckige Schiffe aus weißem Licht. Ich dachte, sie wollten mich holen, sie flogen über mich hinweg. Da sah ich, dass es keine Flugzeuge sein konnten, da ich vor allem wusste, dass die Patrouille de France um diese Zeit nicht marschiert, und dass sie viel zu langsam und zu nah waren, um keinen Lärm zu machen und welche zu sein. Sie flogen über mich hinweg und verschwanden, bis ich sie nicht mehr sehen konnte.

Ich stieg in das Gestrüpp hinab und sah auf dem kleinen Feldweg eine Wand aus Licht, es war wie leuchtende Kugeln, die sich auf mich zu bewegten. In meinem Gefühl waren es Engel, aber ich wollte nicht den einfachen Weg gehen, der direkt ins Paradies führte. Sie kamen näher und ich versteckte mich in den

Dornbüschen, damit sie mir nicht begegneten. Ich wollte meine selbstgewählte Mission auf der Erde beenden, ich wollte nicht in den Himmel kommen und einfach verschwinden.

Dann hatte ich Durst, das einzige Bedürfnis, von dem ich mich in meinen Anfällen nie trennen konnte, war das Bedürfnis zu trinken. Es war wie in dem Lied von Michel Fugain "fait comme l'oiseau...", von Liebe und frischem Wasser zu leben. Das war für mich der Schlüssel zum Fortbestand der menschlichen Spezies, das Töten von Tierarten zu beenden und mit dem Höheren in Kontakt zu sein. Das Ziel war Erleuchtung, Geschöpfe des Lichts zu sein, die sich nur von Wasser und Liebe ernährten. Die Lichtwand war verschwunden, ich stand auf, immer noch nackt, um mit einem riesigen Durst zu meinen Großeltern zurückzukehren. Auf dem Weg gab es Weinberge, um zu trinken, saugte ich an den Weintrauben, das Blut Christi, mein Blut. Ja, denn in meinem Fall war ich alles in einem, alle Götter, alle großen Propheten, alle Toten, ich war derjenige, der alle Glaubensrichtungen und noch schlimmer, alles, was existiert, in sich vereint. Ich war der Gesandte und Gott selbst.

Als ich nach Hause kam, wollte meine Großmutter mir nicht öffnen, sie hatte Angst, also rief sie meinen Vater an und öffnete mir schließlich. In der Zwischenzeit hatte ich meinem Großvater die Pumpe eines Teichs (werfen), um ihn zu leeren und das Wasser der Erde zurückzugeben, alles war nun symbolisch. Mein Vater kam, beruhigte mich in einem strengen Ton und nahm mich mit in sein Haus, wo ich mich auf einer Klappmatratze im Zimmer niederließ. Ich konnte nicht schlafen. Ich wollte es nicht. Ich stellte mein Handy auf laut und am nächsten Tag musste mein Vater zur Arbeit gehen, als die Sonne aufging. Ich war allein und immer noch im Delirium. Ich drehte die Wasserhähne im ganzen Haus auf und mein Vater kam wütend an. Ich warf seine Schlüssel in den Müll und flüchtete über das Dach des Hauses. Ich kletterte über die Zäune der Nachbarhäuser und fand mich auf dem großen Feld hinter dem Haus wieder. Ich lief zu dem kleinen Fluss und stieg hinunter.

Sobald ich im Flussbett war, zog ich alle meine Sachen, alle meine Kleidung aus und als ich gegen den Strom hinaufschwamm, entfernte ich alle Pumpen der umliegenden Häuser, die dem Fluss Wasser entnahmen. Ich wollte dem Planeten das Wasser zurückgeben, es kam nicht in Frage, dass die Menschen es für sich beanspruchten. Ich kletterte, wieder einmal, durch das Gestrüpp und folgte dem Weg der Schatten, die die Äste der Bäume und die Stromleitungen am Boden warfen. Ich kletterte wie ein Affe. Ich folgte dem Schattenfaden, bis ich im Garten eines Hauses landete, in dem sich ein Swimmingpool befand; das war mein endgültiges Ziel und ich sprang hinein. Die Hausbesitzer sahen mich und riefen die Polizei, waren aber sehr verwirrt, was ich auch verstehen konnte, da ein nackter Mann in ihrem Haus war (das ist wie ein Asylant, der ins Haus kommt, ich finde das lustig). Die Leute gaben mir ein Handtuch, um mich zu bedecken, und die Polizisten kamen und ließen mich wie jedes Mal in ihren blauen Kangoo mit Sirene steigen und beschlossen, mich nach Hause zu fahren.

Auch hier gab ich falsche Adressen an, ich wollte nicht nach Hause. Also machten sie sich auf den Weg zur Notaufnahme, wieder einmal wurde der Tag zur Nacht, als wir durch das Dorf Pierreteu fuhren, das vor der Stadt Hyères liegt, in der sich die Notaufnahme befindet. Durch die Fenster des Gendarmeriewagens sah ich das

Dorfzentrum wie im Krieg, die Frauen weinten, wurden von den Soldaten verprügelt, die Jugendlichen wurden in Armeelastwagen requiriert. Wie soll ich sagen, es war wie ein großer Kriegsfilm aus der Hitlerzeit, mit der Armee als Gesetzgeber, Sonne und Regen bei den Zivilisten.

All das bestärkte mich in meinem Delirium, das ich in dem Moment sehr gut und angenehm erlebte. Die Gendarmen lachten mit mir, einer gab sich als "Captain America" aus. Im Auto sagte die Zentrale, dass da ein Mann mit einer Axt sei, der eine andere Person töten wolle. Das klang so wahnhaft, dass es mich auf dem Trip bestärkte, ich sagte, dass dieser Mann aus Humor sicher ein guter Mensch sei und die Polizisten waren mit mir im Delirium. Auf der Autobahn fuhren sie sehr schnell und an der Einfahrt nach Hyères stand ein Radargerät. Die Gendarmen sagten mir, ich solle für das Foto den Stinkefinger zeigen, das habe mich gereizt, also habe ich es getan, bis ich in ihrem Auto geblitzt wurde! Mir hat es auf jeden Fall gefallen und ich hätte das Foto sehr gerne mit eigenen Augen gesehen.

Dann wurde ich ins Krankenhaus gebracht und auch hier fesselten mich die Pfleger wie üblich. Diesmal landete ich jedoch in der Psychiatrie auf der Intensivstation im HP Pierrefeu aux Palmiers 1. Ich wachte in einem Zimmer auf und war noch völlig wahnhaft. Ich traf eine Frau, Sandy, eine schöne Blondine in den Dreißigern, die in La Garde, einer Stadt mit fünfundzwanzigtausend Einwohnern, lebte, und andere Freunde; ich wies jedem eine Rolle in einem Kartenspiel zu, ich war alle Karten, vor allem der Joker, und ich wertete die Besten auf, indem ich ihnen den Platz des Königs oder der Königin zuwies, ich weiß, das klingt verrückt, aber meine Mitpatienten glaubten an mich. Einige waren mit dem Platz, den ich ihnen zuwies, zufrieden und andere, die Zahlen wie fünf statt der Hauptkarten hatten, waren unglücklich darüber.

Ich schrieb sehr viel, und ich erinnere mich an eine ganz besondere Krankheitsentdeckung: Wenn wir unsere Hände von den Fingern aus zusammenbinden, bilden unsere Handlinien das Wort ALLA, wie der Gott der Muslime. Da ich es also liebte, mit Worten zu spielen, hatte ich meinen Vornamen geformt und aus Alexander war Al(exe)lA geworden, wobei Alex spiegelverkehrt geschrieben wurde, was "Alex ist da" oder AllA ergab.

Ich war gut im Umgang mit Computern und .exe bedeutet ausführbare Datei für Software, also war ich ein Gesandter (eine Software), um die Welt zu verändern. Ich teilte meine Entdeckung sofort mit allen. Doch niemand außer den Patienten legte Wert darauf, was mich zum Teil wieder runterzog. Ich verbrachte meine Zeit damit, mich in die Liebe zu flüchten, und so küsste und umarmte ich Sandy, obwohl sie elf Jahre älter war als ich, und sah sie wie eine Göttin an.

Das alles ist anstrengend, das Gehirn ist in Aufruhr und der Abstieg gleicht einem Krieg mit sich selbst. Man hindert sich daran, der Realität Recht zu geben, auch wenn alles darauf hindeutet, dass man falsch liegt, man klammert sich an seine so schöne Fantasie, man will nicht mehr Teil der Erde sein. Ich wurde zum zweiten Mal aus der Psychiatrie entlassen und mein Vater verstand mich damals nicht, er fing an, mir die Schuld zu geben, mir zu sagen, dass ich schlecht war, dass ich in meinem Alter nicht einmal eine Wohnung hatte; für ihn. Ich war nicht krank, sondern befand mich nur in einer Adoleszenzkrise.

Kapitel 4
Die Krise des Königtums

Ich wurde erneut aus der Psychiatrie entlassen und dieses Mal war ich noch eine Weile in meinem normalen Zustand, ein oder zwei Monate lang. Ich blieb nicht bei meinen Großeltern, sondern ging weg und rauchte fast jeden Abend Joints bei Tonio, einem dunkelhaarigen Außenseiter, der sehr groß und ein alter Freund meines Vaters war.

Das Böse wirkte wieder, ich weigerte mich immer noch, meine Medikamente zu nehmen, und außerdem hatte ich, wenn ich sie nahm, eine ganze Reihe von Nebenwirkungen. Ich schrieb so lange weiter, bis ich wieder in meinen Trancezustand zurückfiel. Ich war wieder völlig verrückt. Ich nahm meinen Motorroller und fuhr nach Pignans, dem Nachbardorf mit dreitausendneunhundert Einwohnern, in dem die berühmte Notre Dame des Anges im Süden des Dorfes dominiert.

Ich stand auf dem Place des écoles, mit einem großen Wasserbrunnen, der einen Jäger (Jules Gérard) darstellt, der von Löwen umgeben ist, kein Trinkwasser, ich hatte Durst und trank das Wasser, das aus dem Maul der Löwenstatue des Brunnens kam, die Sonne sank allmählich, als sie unterging. Ich starrte ihn an, um zu versuchen, ihn wieder hochzuziehen, und hatte das Gefühl, dass es funktionierte, dass er wie erstarrt blieb. Ich konzentrierte mich darauf, sie wieder in den Zenit zu bringen, als ich eine Person im Rollstuhl sah. Ihm waren beide Beine amputiert worden. In meiner Vorstellung war ich hier, um die Fehler Gottes wiedergutzumachen, der den Menschen, seine Schöpfung, in Krankheit oder Behinderung zurückgelassen hatte. Ich sprach mit ihm und erzählte ihm, wer ich war: Gott in einer anderen Art und Weise. Ich diskutierte mit ihm über eine Vielzahl von Themen und erzählte ihm von meinem tiefsten Glauben, dass der Geist die Materie verwandelt, was als Glaube bezeichnet wird. Ich wollte, dass er aufsteht und sich seine Beine so stark vorstellt, ich wollte ihm die rettende Hoffnung geben, die Hoffnung, die das Unmögliche wahr macht.

Ich bin in seinen Schädel eingedrungen wie ein großer Illusionist oder Manipulator, nennen Sie es, wie Sie wollen. Wir lachten beide und meine Worte waren für ihn wie gesegnetes Brot. Er glaubte so sehr an mich, dass er so tat, als würde er aufstehen und gehen, aber es funktionierte nicht, selbst ich in meiner Rolle als Wahnvorstellungen wusste, dass es nicht funktionieren würde. Ich ließ ihn mit seinem Stuhl gehen, mit dem Versprechen, dass ich eines Tages das Übel der gesamten Menschheit heilen würde, einschließlich seines eigenen, denn ich glaubte, dass ich Zeit brauche, um die Dinge zu verstehen, um effektiv zu handeln.

Das ist völlig verrückt, ich weiß, aber ich, die ich es erlebt habe, war ein Moment großer Emotionen und intensiven Mitgefühls. Ich ging zur Dorfkirche und trat ein, indem ich die Tür aufbrach. Ich war allein darin, ich ließ mich vorne nieder und legte alle meine Sachen auf den Altar wie bei einem Ritual, ich zündete die Kerzen an. Ich war zu Hause in meinem Tempel, ich startete mein Handy mit Musik. Ich tanzte auch, ich war 100.000, ich sprach mit mir selbst und während ich mich mit mir selbst unterhielt, war ich fest davon überzeugt, dass sie mich hören konnte.

Ja. Sie, meine Geliebte, die unter der Materie gefangen war, denn sie hatte mir anvertraut, dass sie genau alles sehen, aber nicht handeln könne. Also begann ich, so zu tun, als wäre sie bei mir, ich übernahm mit ihr die Herrschaft über die Welt. Sie war in dieser kirchlichen Stille anwesend und als ich durstig wurde, trank ich wie ein Bär aus dem Becken mit heiligem und geweihtem Wasser. Ich war im siebten Himmel mit den Kerzen und den Bildern, die für mich meinen ganzen Ruhm ausmachten. Ich war endlich der König der Welt geworden, die unbesetzten Sitze in der Kirche waren für mich in meiner wahnhaften Allmacht tatsächlich von Scharen von Geistern, unsichtbaren Toten besetzt.

Ich hielt meine Rede vor all diesen Menschen, die nicht existierten, aber ohne sie zu sehen, stellte ich mir vor (nicht halluzinierte), wie sie mich ansahen und mir zuhörten. Ich spürte ihre Anwesenheit, sie waren in meinem geistigen Konstrukt, gerührt, stolz auf mich und erfüllt von Bewunderung und Respekt, stolz auf ihren König, Hades. König der Toten und der Unterwelt, aber auch Herrscher von Pluto, der das Zeichen Skorpion regiert.

In dieser imaginären Szene waren die wichtigsten Personen vorne und die unwichtigsten hinten, ich gab einfach wieder, was ich mir vom Leben eines Königs oder einer mächtigen Person vorstellte, dennoch war ich es in einer imaginären Welt.

Eine ältere, gläubige Frau kam in die Kirche und sah mich völlig besessen, sie bat sie, sich zu mir auf den Altar zu setzen, sie reagierte, indem sie das Kreuzzeichen machte und ging weg. Nach diesem Zirkus verließ ich das

Haus und ging zu Tonio, der mich bei sich aufnahm und mich auf einem Bett auf seiner Empore schlafen ließ. Es war das erste Mal, dass ich während eines Anfalls einschlafen konnte.

Mein Vater holte mich am nächsten Morgen ab, der Schlaf hatte mich überhaupt nicht runtergebracht, und er fuhr mich ins Krankenhaus; das war es. Ich war wieder in der Psychiatrie. Diesmal lernte ich in der HP Laura kennen, eine wunderschöne blonde, gläubige Polin, die sehr verliebt war und mit der ich meine Tage mit Küssen verbrachte. Seit meiner Entlassung habe ich sie jedoch nicht mehr gesehen, was sehr schade war.

Ich war immer noch verrückt, aber sie glaubte an mich und hielt mich für Gott, auch wenn das alles ernsthaft anfing, mich und mein Delirium zu ermüden. Ich begann, nicht mehr an mich und meine Träume zu glauben. Es war schrecklich und brutal, dieser Moment des Abstiegs, ich begann enorm zu leiden.

Mir ging es sehr schlecht

Kapitel 5
Die depressive Krise

Ich war sehr schlecht, ja sehr, ich stieg von meinem illusionären Glück wieder herunter und bekam den ganzen Zorn meiner Umgebung in den Kopf, das half mir überhaupt nicht. Ich begann, in Depressionen zu verfallen, jeder Blick, den man mir zuwarf, war ein tadelnder Blick: des intelligenten Enkels. Ich war zum Unkraut geworden, zum unordentlichen Kerl, zum Dummkopf, zum Clown, ich konnte das nicht ertragen, abgesehen davon, dass ich nichts tat.

Ich war bei meinen Großeltern und spielte manchmal mit meinem Bruder Elie Konsole, ich musste Schlaftabletten nehmen, um abends einschlafen zu können, also hatte ich die Schachtel dabei, dann dachte ich so viel nach, ich konnte mich nicht wohlfühlen. Ich hatte wie einen riesigen körperlichen Schmerz, der sich durch meinen ganzen Körper zog, voller Reue, Wut und einem schlechten Selbstwertgefühl. Ich machte mir Vorwürfe, dass ich mich so lächerlich gemacht hatte, und wollte es hinter mich bringen. Weniger als eine Woche, nachdem ich aus der Psychiatrie entlassen worden war, schluckte ich eine Schachtel Schlaftabletten; ich dachte wirklich, dass mich das umbringen würde, aber nein, das tat es nicht. Vier Tage später wachte ich im Krankenhaus auf und hatte Infusionen um mich herum. Es war ein Albtraum, der mir noch mehr Schmerzen bereitete. Alles, was ich jetzt wollte, war zu sterben, und das konnte ich nicht. Ich hatte um einen Einwegrasierer gebeten, um mich rasieren zu können. Ich benutzte ihn an meinen Armen, aber er schnitt kaum, also gab ich die Idee auf.

Die Pfleger bemerkten es einige Zeit später und machten sich Sorgen, sie gaben mir immer mehr Medikamente. Es gab eine ganz sanfte und nette Krankenschwester, Mitte 40, sie versuchte, mich zur Vernunft zu bringen, aber es half nichts. Ich verbrachte ganze Tage damit, mich zu quälen, das schlimmste Leid, das ich je in meinem Leben empfunden hatte, war das: seelisches Leid. Ich lag in meinem Krankenhausbett und litt so sehr, dass ich mir mit meinen Fingernägeln das Gesicht verstümmelte, bis es blutete. Ich litt so sehr, dass mir nichts anderes mehr weh tun konnte, ich wollte lieber sterben, als so sehr zu leiden, so tief saß der Schmerz.

Nach dieser depressiven Krise war ich wieder halbwegs normal, immer noch leidend, aber besser, vor allem, nachdem mein Vater und meine Großmutter verstanden hatten, dass ich an einer Krankheit litt, und mir ihre Unterstützung zuteil werden ließen. Ich wurde nicht mehr beschuldigt, sondern als krank und nicht mehr als geistig behindert angesehen. Diese einfache Handlung ihrerseits hatte mich zum Teil geheilt, ich hatte einen Teil des Friedens in mir wiedergefunden, sodass ich erneut aus der Psychiatrie entlassen werden konnte...

Kapitel 6
Die Diktaturkrise

Nachdem ich nun aus der Psychiatrie entlassen wurde, ist es höchste Zeit für mich, wieder zu studieren. Wir schreiben das Jahr 2015 und dank meines ewig guten Willens habe ich mich für eine Ausbildung zum DUT (diplôme universitaire de technologie) GEII (génie électrique et informatique industrielle) eingeschrieben. Ich wollte mein Studium im September wieder aufnehmen und rauche zumindest teilweise nicht mehr. Ich höre auch auf, meine Medikamente zu nehmen. Ich bin wieder einmal der irrigen Meinung, dass ich sie nicht brauche.

Der Tag des Studienbeginns ist Anfang September 2015. Wie üblich verberge ich meine schwere Vergangenheit, ich bin ein paar Jahre älter als die anderen.

Das Studium läuft gut, das 1□r Semester in der Tasche, ich lande sogar in der europäischen Gruppe, die die Besten des Jahrgangs umfasst. Alles läuft gut, aber zu Beginn des zweiten Semesters fange ich wieder verstärkt an zu rauchen, ich ersetze die Kippen regelrecht durch Gras. Ich fange wieder an, nicht mehr zu schlafen.

Täglich ging ich in die Schule, aß mit Kumpels in Fast-Food-Restaurants und jedes Mal endete es damit, dass ich alles, was ich aß, die Toilette hinunterkotzte. Mein Körper verweigerte die Nahrungsaufnahme; ich betrachtete das als göttliche Botschaft. Ich fand Spielkarten auf dem Boden und verband sie mit Botschaften. Vor meinem ersten Anfall hatte ich eine am Eingang des Dorfhauses in

Carnoules gesehen, es handelte sich um eine Pik-Dame. Kurzum, ich sah auf meinem Weg immer wieder einzelne Karten auf dem Boden liegen und suchte im Internet nach ihrer symbolischen Definition.

Ich war schon immer aufgeschlossen und fühlte mich von der Esoterik angezogen. Eines Tages wollte ich nicht mehr weitermachen, ich hatte genug vom Unterricht und war überzeugt, dass ich ein größeres Schicksal hatte als das, was man mir vorsetzte. Im Unterricht zückte ich daher mehrmals mein Handy, um mich selbst aus dem Unterricht zu werfen. Was dann auch geschah. Ich ging dann zurück in meine Wohnung (die meines Vaters) im 13□ Stock in der Siedlung Pontcarral in Toulon. Ich schloss mich in meinem Zimmer ein und während ich rauchte, begann ich wieder, alles, was mir durch den Kopf ging, in sozialen Netzwerken aufzuschreiben. Und auch hier schlief ich nicht mehr und aß nicht mehr, und das schon seit drei Nächten.

Eines Abends kam mein Vater nach Hause, roch das Gras und wurde sehr wütend, weil er nicht wollte, dass ich wegging. Er stellte sich mir beim Verlassen der Wohnung in den Weg. Um ihn zum Gehen zu bewegen, hob ich meinen Arm, als wollte ich ihn schlagen, aber es war nur, um ihm Angst zu machen. Er hatte Angst und holte ein Messer, um mir noch mehr Angst zu machen und mich zu beruhigen. Ich floh und rannte die Treppen im 13□ Stock hinunter. Ich versteckte mich auch in den Treppenhäusern der 7□, bis er seine Suche aufgab. Als ich den Weg für sicher hielt, machte ich mich auf den Weg in die Stadt Toulon.

Ich hatte meine Kreditkarte und mein Handy dabei. Es war Nacht und auf einer Straße sah ich einen Mann, der

verloren schien. In meinem Delirium gefangen, sprach ich in einem lauten Ton mit ihm und fragte ihn, was er hier mache, und er sagte mir, dass seine Frau einen Anfall gehabt und alles in ihrem Haus kaputt gemacht habe. Ich hob 100 Euro in zwei 50er-Scheinen ab und gab ihm einen und fügte hinzu, dass er mir Drogen besorgen solle, wenn er den anderen Schein haben wolle.
Das tat er, danach wurden wir Kollegen. Er glaubte an meine Wahnvorstellungen, er dachte, ich sei ALLAH.

Er nahm mich mit zu sich nach Hause, zeigte mir den Schaden, den seine Frau angerichtet hatte, und ich erzählte ihm von mir und meiner Mission. Ich trug eine schwarze Jacke und überzeugte ihn davon, dass ich der Polizist des Planeten sei. Er war wie besessen von dem, was ich ihm sagte, er glaubte wirklich, dass ich das Wort ALLAs, ALLAHs, sei. Sie müssen verstehen, dass ich in diesem Zustand so fest an das glaube, was ich sage, dass es für eine Person, die nicht alle ihre Überzeugungen bereits vorkonstruiert hat, schwierig ist, mir nicht zu glauben.

Ich lief an seiner Seite durch die Stadt, als wäre er mein Prophet, und an einem Zebrastreifen wollte er mir nicht mehr folgen. In diesem Moment kam ein Polizeiauto und nahm ihn mit, wobei die Polizisten mir sagten, ich solle mich nicht draußen aufhalten; es war verrückt und bestärkte mich noch mehr in meinem Wahn. Ich war allmächtig und wurde vom Universum beschützt.

Ich ging in die Innenstadt und traf auf ein paar obdachlose Jugendliche, die gesehen hatten, wie schwach ich war, und die die Situation ausnutzen wollten, indem sie mich fragten, ob ich 300 Euro für Cannabisharz haben wollte. Ich bejahte, also gingen wir zum Geldautomaten, ich legte meine Kreditkarte ein und gab den Code ein. Ich gab auch auf dem Bildschirm den Betrag von 300 Euro ein und da lehnte der Automat die Transaktion ab. Ich sagte den beiden Obdachlosen, dass es unmöglich sei, und sah, wie das Mädchen es noch einmal mit meiner Karte versuchte. Ich verstand, dass sie schlechte Absichten hatte, also beschimpfte ich sie vor ihrem Freund mit Worten, die schrecklich anzuhören waren. Ich war der Diktator. Ich schrie die arme Schlampe an, ihr Freund kam von hinten, riss mich zu Boden und schlug mir ins Gesicht, ich spürte nichts und lachte sogar, als er eine leere Bierflasche vom Boden holte und sie mir über den Schädel ziehen wollte. Ich flüchtete im Laufschritt.

Ich war immer noch im Delirium und froh, dass ich ihnen eine so große falsche Hoffnung auf einen missglückten Betrug gemacht hatte, mein Auge war geplatzt und ich konnte nur noch mit einem Auge sehen. Ich winkte dem ersten Auto zu, das mich zur Polizeiwache brachte, die ihrerseits die Feuerwehr anrief und mir sagte: "Siehst du. Wir haben dir doch gesagt, dass du nach Hause gehen sollst. Ich wartete auf die Feuerwehr, die mich nach ihrer Ankunft mit ihrem Lastwagen direkt in das Krankenhaus Sainte-Musse in Toulon brachte.

Sie sagten mir, dass die Ärzte zurück seien und ich bis zum nächsten Tag warten solle. Es war Nacht und ich verbrachte den Abend im Wartezimmer mit dem Wachmann, ich war im Delirium mit ihm, ich sagte ihm, dass ich Israel in die Luft jagen würde, indem ich eine Armee dorthin schicken würde, weil ich Jesus sei und Juda mich betrogen habe. Der Wachmann sagte mir, ich solle ruhig bleiben und mich hinsetzen, was ich tat und dann auf den Sitzen im Wartezimmer einschlief.

Am nächsten Tag wollte ich wegen meines Auges zum Arzt gehen, es gab eine Warteschlange und man sagte mir, ich solle warten. Ich hatte die Nase voll und ging.

Ich machte mich aus dem Staub und ging in die nahe gelegene Siedlung. Ich fragte ein paar Dealer, ob sie mich kostenlos rauchen lassen könnten. Sie sagten nein, also ging ich von ihnen weg und zog meine Jacke aus. Ich tat so, als würde ich eine Waffe ziehen; sie fingen an zu rennen, was mein Delirium natürlich noch steigerte.

Danach suchten einige nach mir, aber während ich mich versteckte, ging ich zu Fuß zur Universität. Alle hatten um diese Zeit Unterricht und ich sah den Abteilungsleiter und die Professoren, die dumm dastanden, als sie mich in diesem Zustand mit einem geplatzten Auge sahen. Ich war mit meinen Lehrern im Delirium, ich erzählte irgendetwas oder auch nicht, ich weiß es nicht mehr; auf jeden Fall hatten wir lange Diskussionen. Sie führten mich zum Büro des Deputy Chief und dort wollte ich mit ihm allein sprechen. Ich befahl dann in einem aggressiven Ton allen, sich zu verziehen, was sie auch taten, und ich sprach mit dem Abteilungsleiter. Dann kam die Krankenschwester, sie setzten sich mit der Feuerwehr in Verbindung und ich landete wieder einmal im Krankenhaus Sainte-Musse.

Die Notaufnahme war überfüllt und niemand kümmerte sich um mich. Als ich dort ankam, waren alle erstaunt, mich wiederzusehen, riefen die Feuerwehrleute zurück und sagten ihnen, dass sie sich dieses Mal zuerst um mich kümmern sollten. Ich ging also zurück ins Krankenhaus und das Personal der Notaufnahme brachte mich diesmal in ein Zimmer auf ein Bett, das wie üblich an allen vier Gliedmaßen festgeschnallt war. Sie ließen mich so bei Bewusstsein, also fing ich an zu schreien. Manchmal gelang es mir in solchen Momenten, einen Arm oder ein Bein zu lösen, aber ich konnte nie weglaufen, also schrie ich so lange, bis eine

Krankenschwester ein oder zwei Stunden später kam und mir die Dosis injizierte, die mich in die Psychiatrie brachte.

Ich wachte immer noch mit den üblichen Infusionen auf, aber dieses Mal wollten die Ärzte mich wirklich behandeln. Ich blieb fünf Monate lang eingesperrt, sie wollten sicherstellen, dass ich wieder nach unten komme und sie wollten mich wirklich retten. Nach vier Monaten war ich erschöpft, ich hatte es satt, ich kam langsam wieder runter. Sie ließen mich jedoch noch einen weiteren Monat warten, bevor sie mich entlassen konnten, und ich wurde im August 2016 entlassen.

Danach machte ich mit meinem Vater und meinen beiden Brüdern, Elie und Maxime, einen Roadtrip durch Spanien. Wir waren so weit gekommen, dass wir in Cádiz und Gibraltar ausgestiegen waren, und ich beschloss, nie wieder Drogen anzurühren. Seitdem habe ich also nie wieder Gras geraucht, was ich auch getan habe. Ich war 22 Jahre alt.

Kapitel 7
Die Ägypten-Krise

Ich gab die Idee auf, meinen DUT GEII fortzusetzen. Ein Jahr lang, von 2016 bis 2017, hatte ich nichts mehr zu tun, ich musste mich beschäftigen, also fand ich eine Aufgabe als Zivildienstleistender, bei der es um die Begleitung von Patienten im Rahmen eines Krankenhausaufenthalts ging. Es ging um die Betreuung von Patienten mit Mehrfachbehinderungen. Ich hatte ein Vorstellungsgespräch, es waren ungefähr sieben Personen, die sich beworben hatten. Ich führte mein Gespräch mit dem Leiter der Einrichtung per Videokonferenz und erläuterte meine Beweggründe. Sie schienen zufrieden zu sein und ich hatte den Nagel auf den Kopf getroffen.

Einige Zeit später wurde ich für einen siebenmonatigen Einsatz eingestellt, den ich erfolgreich absolvierte, alle waren mit mir zufrieden. Ich hatte mir einen Monat Urlaub aus dem Bürgervertrag genommen, um die zweimonatige Sommersaison in Savoyen als Oberflächentechniker und Tellerwäscher in einem Feriendorf in Lanslevillard zu absolvieren. Das ist ein Skiort auf durchschnittlich 2500 m Höhe in der Haute Maurienne mit 500 Einwohnern. Die Maurienne ist die Heimat des berühmten Messerschmieds Joseph Opinel.

Ich war den ganzen Sommer über untergebracht. Das war so cool, dass ich beschloss, meine Tabletten abzusetzen, um nicht unter dem Druck der Krankheit zu stehen. Ich sagte meiner Großmutter, dass ich nicht mehr rauche und es daher kein Problem sein würde, die Tabletten abzusetzen. Ich war überzeugt, dass es nur das

Cannabis war, das mir am wenigsten Sorgen bereitete. Meine Saison war gerade zu Ende, als ich bereits im September 2017 in die BTS (brevet de technicien supérieur) für Informatik und Digitalwissenschaften am Lycée Thomas Edison in Lorgues eintreten sollte. Ich war überhaupt nicht wahnhaft und stolz auf mich, stolz darauf, dass ich acht Monate lang ohne Krise arbeiten konnte, und stolz darauf, dass ich wieder in die Schule gehen würde. Ich war also im Internat und der Großteil meines Trimesters verlief perfekt, ich hatte immer die besten Noten; das war cool.

In den Allerheiligenferien fuhr ich wieder zu meinen Großeltern und fing an, im Internet zu schreiben, wie ich es früher immer getan hatte. Ich tat dies so lange, bis ich keinen Schlaf mehr fand, keinen Appetit mehr hatte und anfing, noch mehr zu delirieren, immer in Schritten. Ich war Osiris oder vielmehr alle ägyptischen Götter. An meinem Geburtstag wurde ich von meinen Großeltern zum Essen in den Festsaal, den Salle Honoré Daumier in Carnoules, eingeladen. Ich fuhr aufgeregt vor dem Ende los und rammte mein Auto in einen Betonblock. Die gesamte Beifahrerseite lag in Trümmern und ich hatte meinen Kopf schwer gegen das Lenkrad geschlagen und mir dabei den Augenbrauenbogen aufgerissen.

Diese Ereignisse ließen mich wieder in ein Delirium verfallen, als ob ich angesichts des Chaos, das ich angerichtet hatte, eine Lösung finden müsste und die Lösung war Flucht, in meine Träume abtauchen, was ich auch tat. Mein Vater fand mich und als er mich sah, rief er sofort die Feuerwehr an, die mich in die Notaufnahme brachte. Mein Vater war mit mir im Krankenhaus und als ich ankam, sah ich am Empfang einen Krankenpfleger, der mit seinem Handy spielte. Ich ging auf ihn zu und zertrümmerte mit meiner Faust den Computer an der Anmeldung und schrie: "Bosse, du Ratte!". Ich war völlig verrückt. Danach fesselten sie mich an ein Bett, ich machte mich an die Krankenschwestern ran und war überzeugt, dass ich Osiris war.

Ich sah in jedem Zettel mit Blutwerten Hieroglyphen, mein Gehirn lief auf Hochtouren und der Traum vermischte sich mit der Realität. Jedenfalls endete ich nach dieser Episode zum 6□ Mal als Praktikantin in der Psychiatrie. Während dieses Aufenthalts lernte ich die zweite große Liebe meines Lebens kennen: Rachel, eine Hyereserin, die drei Jahre jünger war als ich, eine sehr schöne Blondine mit braunen Augen und ein wirklich intelligentes Mädchen. Sie war sehr feminin und wirkte so zerbrechlich; sie hatte alles, um mir zu gefallen. Als ich sie sah, verliebte ich mich sofort Hals über Kopf in sie. Obwohl sie ein bisschen paranoid war und Stimmen hörte, war sie so süß und nett. Das ist ein anderer Pavillon als der, in den ich normalerweise gehe (l'Odyssée), im Krankenhaus von Pierrefeu (Henri Guérin).

Als ich im Februar 2018 entlassen wurde, wurden wir ein Paar und sieben Monate lang lebte ich die Liebe mit ihr in der Wohnung meines Vaters in Pontcarral. Ich habe dort also das Glück mit ihr erlebt und werde immer wunderbare Erinnerungen an unsere Geschichte haben.

Kapitel 8
Die Auflösung : Ende von Teil 1

Nachdem ich aus der HP entlassen worden war, lebte ich, wie bereits erwähnt, mit Rachel in meiner Wohnung (bzw. der meines Vaters) in Toulon und achtete darauf, jeden Abend alle meine Tabletten zu nehmen.

Ich liebte Rachel und wollte, dass sie es schafft, ich brachte sie dazu, mit ihren Drogen aufzuhören, sogar mit dem Rauchen, ich wollte, bis wir wieder gesund waren, die Zeit nutzen, um über die Zukunft zu reden und riet ihr, wieder zur Schule zu gehen und ihr Abitur zu machen. Ich nahm sie zu allen Terminen mit, ich hatte die Vaterrolle übernommen, die sie nicht gehabt hatte, aber das störte mich letztendlich nicht so sehr, ich tat alles für sie und das bis zum Schulanfang.

Ich hatte mich für GEA (Gestion d'entreprise et d'administration) in La Garde eingeschrieben, eine andere Ausbildung, die ebenfalls auf einen DUT vorbereitet. Sie hatte sich für ihr Abitur am Lycée Bonaparte in Toulon angemeldet, das sich direkt neben dem Garten Alexandre

1☐^r befindet (ein weiteres Zeichen, das mein Delirium streicheln könnte). Eines Tages, zu Beginn des Schuljahres, als ich in die Wohnung zurückkehrte, roch ich das Gras. Ich hatte verstanden, dass sie rauchte, also war ich wütend, weil ich eine strahlende Zukunft vorbereitete und sie alles ruinierte, um, wie sie alle sagen, die Jugend zu genießen.

Wir haben uns getrennt und heute habe ich mein GEA-Semester mit Bravour bestanden und das Lithium, das ich zu mir nehme, hält mich seit nunmehr über einem Jahr in einem anständigen Zustand, was für mich ein Rekord ist. Obwohl mich die Trennung von Rachel ziemlich fertig gemacht hat. Ich glaube übrigens, dass die Tatsache, dass ich mich nicht gut fühle, zu meinem schulischen Erfolg beiträgt, da es schwieriger ist, durchzustarten, wenn man sich in einem Stimmungstief befindet.

Ich habe jedoch das Gefühl, dass ich ein großer Idiot war, weil ich so spät auf die Ärzte gehört habe, aber jetzt tue ich es. Sie stabilisieren mich wunderbar, mein Gehirn spielt nicht mehr verrückt, aber ich habe immer noch große Höhen und Tiefen, die aber nicht ins Extreme gesteigert werden. Das Leiden, dieser Riss, der uns allen mehr oder weniger stark innewohnt, ist leider nicht heilbar, sonst wäre ich gar nicht mehr anfällig für die Stimmungsschwankungen, von denen ich betroffen bin.

Kapitel 9
Die Eroberung der Macht

Mein zweites Semester läuft, die Stimmung steigt wieder, ich schaffe es ohne große Schwierigkeiten, ich liebe es zu lernen und ich liebe diesen Studiengang. Neben dem Unterricht lerne ich viele Mädchen kennen, mit einigen plane ich die Zukunft, aber das scheitert, weil ich andere Erwartungen habe als sie, es sind nicht die richtigen.

Am Ende des Semesters, ich bin auf Platz 7□ dieser Klasse von etwa 100 Schülern, mache ich mein Praktikum in einer Wirtschaftsprüfungsgesellschaft und alles läuft noch wunderbar. Mein Vorgesetzter ist wirklich zufrieden und breitet sogar die Möglichkeiten aus, die er mir für meine Zukunft anzubieten hat. Alles ist perfekt, aber am Ende des Praktikums finde ich mich in den Sommerferien 2019 plötzlich ohne Beschäftigung wieder, und das war das Tor zur Freiheit des Denkens, zu meinem intellektuellen Feuer und meiner Fantasie, die mich schon immer angetrieben haben.

Ich begann allmählich, meine ungewöhnlichen Ideen und meinen "göttlichen" Größenwahn zu kultivieren.

In der letzten Woche meines Urlaubs beschloss ich, meine Medikamenteneinnahme auf einmal alle zwei Tage zu reduzieren, da ich dachte, dass ich das ohne Konsequenzen tun könnte. Meine Verfolgungsgedanken gegenüber den Tabletten waren wieder aufgetaucht. Ich fühlte mich ausgelöscht, in eine Zwangsjacke gesteckt, ich hatte genug, ich wollte glücklich sein, voller Leben, ich wollte das Biest befreien und es blieb nicht aus. Ich bin durchgedreht, wie ich es jetzt nenne.

Anfang September begann ich mein zweites Studienjahr in GEA. An meinem ersten Tag an der Uni war ich völlig psycho. Ich nahm an den Vorlesungen teil und zeigte gute Leistungen, aber mein Geist war völlig woanders. Er hatte sich in die Welt der Träume geflüchtet, in Musikstücke, die mit meinem Vornamen betitelt waren, insbesondere eines mit dem Titel "Le rêve d'Alexandre" der Gruppe Smok, das denselben Namen trägt und dieselbe Typografie hat wie die Marke meiner elektronischen Zigaretten, die ich dampfe.

Da ich immer Lucky-Strike-Zigaretten geraucht habe, hörte ich auch immer wieder Juliette Armanets Lied "Alexandre", in dem es, ich zitiere: "Alexandre, ich würde mein ganzes Leben für eine Asche, nichts als eine Asche, von deiner Lucky geben..." heißt. Ich brachte das mit dem Spitznamen meines Vaters (Lucky) in Verbindung.

In meiner Freizeit machte ich ein Selfie in der Universität von La Garde, mit den Universitätsgebäuden im Hintergrund. Gebäude A für Alexander, Gebäude B für Bertorello und das EVE-Gebäude, dieses für meine Göttin (Musik aus diesem bestimmten Moment: Asking Alexandria, "EVE").

Kurz gesagt, ich hatte Noahs Boot genommen. Als ich zu meinen Großeltern zurückkehre, dieselbe Melodie, Schlafverlust, Appetitlosigkeit. Ich hatte einen Streit mit meinem Vater, der die Feuerwehr rief. Als sie eintrafen, wusste ich zum ersten Mal, wie ich meinen inneren Druck abbauen konnte, ich verwandelte mich in einen raffinierten, manipulativen Strategen; ich wollte nicht, dass mein Vater mit meinem psychotischen Glück Recht behielt. Die Feuerwehr nahm mich als gut wahr, jedenfalls arbeitete ich dafür und es funktionierte. Trotzdem boten sie mir an, mich zur Beobachtung in ein Krankenhaus zu bringen, was ich akzeptierte.

Während des Aufenthalts über Nacht bis zum Besuch des Psychiatriearztes am nächsten Tag, der mich für absolut geeignet hielt und mich entlassen hatte, ließ ich meinen Heißhunger in den Hintergrund treten. Mein Plan war genau so aufgegangen, wie ich es mir gewünscht hatte. Ich verließ also die Notaufnahme und lief vom Krankenhaus in Hyères etwa 15 Kilometer ins Sauvebonne-Tal, wobei ich barfuß trampte (meine Schuhe waren zu klein) und ein recht netter Autofahrer mich in das Dorf Pierrefeu mitnahm.

Von dort aus ging ich zur Polizeistation. Der Chef der Gendarmeriebrigade von Pierrefeu, den ich aufrichtig schätze, begleitete mich mit anderen Gendarmen, damit ich meine Sachen zurückbekam und so Verwicklungen mit meinem Vater vermeiden konnte. Wieder einmal hatte ich meine Dekompensation so gut im Griff, dass sie nicht bemerken konnten, in welchem Zustand ich mich wirklich befand. Ich tarnte meinen Anfall, als ginge es um Leben und Tod. Freiheit oder Krankenhausaufenthalt?

Nachdem ich das Wichtigste aus meinem Zimmer bei meinen Großeltern geholt hatte, sprang ich in mein Auto und mein interstellarer Roadtrip konnte beginnen. Ich fuhr nach La Capte in Hyères, wo Rachel wohnt, und hoffte, sie wiederzusehen. Als ich ankam, sah ich, wie ein Auto vor mir anhielt, in dem der Beifahrer und der Fahrer ausstiegen. Beide öffneten die hintere Tür und verprügelten, während sie den hinteren Passagier herauszogen. Sie sahen mich und rannten weg. Das Opfer dieses Kinos stand natürlich auf dem Fahrersitz und fuhr mit etwas, das wie sein Auto aussah, wieder los. Kurz gesagt: Es war verrückt.

Zu diesem Zeitpunkt war es für mich normal. Ja, die Einführung meiner Neuen Weltordnung sollte so ablaufen, mit Gewalt und viel Vernachlässigung aller vorgegebenen Regeln, sie sollte mit einem Durchbruch der Anarchie beginnen.

Ich habe Rachel nicht gesehen, aber ich habe am Abend am Strand gelegen und gleichzeitig ein Selfie von mir gemacht. Ich kehrte nach Carnoules zurück, bestellte eine Pizza und eine Flasche Limonade, die ich in der Dorfkirche verzehrte, wobei ich in guter Absicht den Priester um Erlaubnis bat, der trotz seiner Unzufriedenheit zustimmte. Ich verzehrte also meine Pizza, während ich mich mit einem Gemeindemitglied unterhielt. Ich versuchte, ihn davon zu überzeugen, dass der Mann, der mit den Nägeln am Kreuz hing, ich war. Ich bat ihn, den Vatikan anzurufen, damit ich den Papst treffen könne. Er hatte keinen Glauben an mich, den verletzlichen und armen Sünder.

Ich beendete also meine Pizza und verbrachte die Nacht schlafend in meinem Auto in Notre-Dame-des-Anges, in der Hoffnung, die Verbindung wiederzufinden, die ich fünf Jahre zuvor mit der schönen und begehrten Camille gehabt hatte. Diese Verbindung, die mich verfolgt, sobald ich das Logo von Crédit Agricole sehe, das C, das das A küsst, sobald man von cami(lle)sole oder kami(camille)kaze spricht...

Kurz gesagt, ich mache die Nacht durch, ich schlafe gut, sogar zu gut, eine gute Nacht. Kaum war ich wach, ging es auch schon wieder los. Ich fuhr mit dem Auto nach Toulon, besetzte die Bänke, plauderte mit den Möwen und versuchte, sie zu zähmen. Irgendwann sah ich einen angebundenen Hund, der bellte und die Zähne fletschte, neben seinem Besitzer, der mir sagte, ich solle auf ihn aufpassen. Ich, ohne auf ihn zu hören, gehe zu dem furchtlosen Hund, streichle ihn mit Gewalt und binde ihn los, wobei ich dem Herrchen sage, er solle ihn frei laufen lassen, weil er ihn sonst zur Ziege machen würde.

Dann bin ich in den Faron-Zoo gegangen. Ich redete mit den Löwen, ich wollte mit ihnen in den Käfig gehen, sie zähmen und mit ihnen durch die Stadt laufen, das normale Ding für einen Psycho. Die Wärter wollten das nicht, also schaute ich mir die Löwen im Beisein der Wärter an und sagte den Viechern, dass sie sie bei nächster Gelegenheit fressen sollten. Danach fand ich mich dabei wieder, die Schimpansen durch den Zaun zu ärgern, indem ich versuchte, sie zum Aufstand zu bewegen, indem ich ihnen zeigte, was er tun musste, um den Zaun zu ruinieren. An einem Punkt machte es einer sogar wie ich, er rüttelte am Zaun und tat so, als wolle er raus. Ich hatte das Gefühl, dass er verstanden hatte, was ich ihm vermitteln wollte. Ich war zufrieden, ich hatte die Botschaft übermittelt und ging.

Ich stieg wieder ins Auto und hatte eine Erleuchtung. Ich dachte an das eine Mal zurück, als ich mit meinem Freund Fred, einem sehr guten Kumpel aus der Schule, blond und mit vielen Boxjahren auf dem Buckel, in den Hügeln um das Fort de Brégançon herum stand und es betrachtete. Da kam mir der Gedanke, dass unser Präsident dort seinen Urlaub verbringen würde.

Ich parke mein Auto vor dem ersten Tor. Ich lasse es stehen, mache ein Selfie von mir neben dem Tor und gehe weiter und überspringe es. Ich schleiche mich allmählich auf das Grundstück und mache dabei Selfies, um meinen "Freunden" in den Netzwerken meinen

Fortschritt zu zeigen. Ich klettere über das zweite Tor und gelange auf die Insel, das Meer war stürmisch. Ich betrete das große Tor des Forts und brülle "Macron!". Der Wachmann kommt, ist erstaunt, mich vor dem Eingangstor dieser kleinen Festung zu sehen, und mit der Angst, die ich in seinen Augen bemerken konnte, sagt er: "Er ist nicht da, was wollen Sie?". Ich antwortete ihm, dass ich Osiris sei und Macron sehen wolle, um über Politik und die Einführung meiner Neuen Weltordnung zu diskutieren. Er sagte, ich solle gehen, ich beschimpfte ihn, seine Frau kam hinzu und begann, sich über mich aufzuregen.

Eine Reaktion, ein Fehler, leider für sie, ich habe sie und ihren Freund auf ziemlich brutale Weise beleidigt. Ich habe ihnen gesagt, dass ich klettern und alles durcheinander bringen würde. Sie glaubten mir und gingen in den noch geschützteren Präsidentenbereich des Forts. Ich kletterte wie ein Attentäter über den Zaun (Referenz: Assassin's Creed, das Spiel für Kenner). Ich betrat den ersten Teil des Forts, war im Inneren und begab mich zum Eingangstor der Präsidentenwohnung. Ich ließ meine Wut an allem aus, was ich finden konnte, zertrümmerte die Blumentöpfe, indem ich sie auf den Boden warf. Ich trat den Kangoo des Wachmanns, verdrehte die Scheibenwischer und pulverisierte die Rückspiegel. Dann ging ich wieder hinunter zur Garderobe des Wachmanns, trat gegen die Glastür und betrat seine Garderobe. Ich machte ein Selfie von mir.

Das war von nun an mein Zuhause. Kurz darauf ging ich nach draußen, um ein Foto von mir zu machen. Ich sah drei Gendarmen mit Pistolen im Ausnahmezustand, während ich mit meiner Kamera herumfuchtelte. Sie legten mir Handschellen an und führten mich zur

Gendarmerie. Ich blieb 30 Minuten in Polizeigewahrsam, während sie ihre Transkripte anfertigten und sogar meine Forderungen an den Staatschef erwähnten. Dabei ging es immer um die Einführung meiner Neuen Weltordnung. Ich frage mich übrigens, ob diese Geschichte dem Oberbefehlshaber der Streitkräfte zu Ohren gekommen ist, obwohl mir das eigentlich ziemlich egal ist. Ein Psychiater kam zu mir und fragte mich, wie es mir gehe. Ich antwortete ihm: "Sehr gut, vor allem seit die Engel meine Freunde sind und ich die Dämonen beherrsche und unterwerfe". Er sagte mir, er habe verstanden, dass ich mich ins Krankenhaus begeben müsse. Nun bin ich also wieder im Krankenhaus von Pierrefeu.

Kapitel 10
Die kurze Wiederaufnahme einer normalen Existenz

Bei der Ankunft in Les Palmiers 1 lachten die Pfleger, als sie mich wiedersahen, na ja, eher darüber, was ich getan hatte. Wie immer brachten sie mich gut nach unten.

Um meine Zwangseinweisung zu beenden, nachdem das Tier in mir wieder zahm geworden war, steckten sie mich in einen freieren Pavillon, wie üblich in die Odyssee. Ich lernte dieses Mädchen kennen, das ich Lo nenne, nach ihrem Vornamen Loreleï, dunkelhaarig mit schwarzen Haaren, ebenfalls sehr schön, ein Jahr jünger als ich und aus Toulouse, im Urlaub in Hyères bei ihrer Cousine. Sie war wie ich dekompensiert. Als ich sie das erste Mal sah, war sie völlig aufgedreht, ich ging zu ihr und wir tauschten unseren ersten Kuss aus, an den sie sich nie erinnerte. Zu diesem Zeitpunkt war sie leider zu weit weg im Raum.

So sehr, dass sie sie noch am selben Abend in den Intensivpavillon verlegt hatten, in dem ich gerade gelandet war, Les Palmiers 1. Ein paar Tage später sah ich sie, sah sie mit einem durchdringenden, lasterfreien Blick an und nahm sie unter meine Fittiche. Sie war ruhiger, kam wieder herunter, wir setzten uns auf eine Bank und küssten uns, es war wunderschön. Sie wurde mein Liebling, meine Prinzessin. Ich sah sie anfangs nicht lange, bis sie zur Odyssee zurückkehrte. Wir tauschten uns viel aus, ich konnte sie verstehen und wir bauten eine starke Bindung auf. So stark, dass wir kurz nach der Veröffentlichung Anfang 2020 verliebt nach Madrid in Spanien flogen. So verliebt, dass sie anschließend mit mir bei meinen Großeltern wohnte. Das war praktisch für die erste Eindämmung der Covid-19-Pandemie im Jahr 2020.

Wir waren kreativ und bewirtschafteten das Land meines Großvaters, indem wir einen kleinen Gemüsegarten anlegten. Wir kümmerten uns um das Haus, wir waren aktiv, sogar zu aktiv. Vor allem, weil ich meine Psychologin gebeten hatte, die Neuroleptika abzusetzen, um zu versuchen, stabil zu sein, ohne sie zu nehmen, und vor allem wegen der unerwünschten Nebenwirkungen. Das war fatal für mich...

Kapitel 11
Die Französische Revolution und der Sturm auf Versailles

Als ich die Neuroleptika absetzte, reagierte ich gereizt, ich duldete nichts mehr, nicht einmal mehr die kleinste Bemerkung. Ich versuchte perfektionistisch, alles richtig zu machen und wurde bei der kleinsten Kritik wütend, ich war in eine hypomanische Phase eingetreten. Mein Körper erschöpfte sich und mein Geist befahl mir, mich weiter anzustrengen, was zu großen Konflikten mit meinen Großeltern führte, die mich noch mehr anspornten.

Irgendwann war es der Konflikt zu viel mit meiner Großmutter, die sich oft Sorgen macht und mir auf der Tasche liegt. Ich setzte Lo ins Auto und wir fuhren los. Wir legten uns am Strand in La Capte in den Sand, es war Ende Mai 2020, das Wetter war gut, es ging uns gut, aber dann kam mein Vater und rief die Feuerwehr. Es war für immer verloren, ein Reiz zu viel, der mich dazu brachte, ohne meine Schuhe mit Lo das Weite zu suchen.
Bis die Feuerwehr abzog, versteckten wir uns und stiegen dann ins Auto, um zum Ausgangspunkt der Revolution zu fahren, nämlich nach Marseille.

Als ich mit dem Auto in die Stadt kam, nahm ich die Tramspuren, um zum alten Hafen zu gelangen, und befand mich dann auf einer Busspur. Als sie nahe genug waren und ich keine Lust hatte, mit ihnen zu sprechen, trat ich aufs Gaspedal, was sie als Befehlsverweigerung bezeichneten. Die Motorradfahrer der Nationalpolizei verfolgten mich und bedeuteten mir, anzuhalten, was ich auch tat.

Diesmal war ein Team von Reportern der Sendung "au cœur de l'enquête" zum Thema Schlägereien und Verfolgungsjagden in Marseille vor Ort, die mich interviewten und meine Heldentat im Fernsehen zeigten. Das war auch ziemlich lustig. Dann nahmen mich die Polizisten mit auf die Wache, stellten mir Fragen und bemerkten, dass ich ruhig war. Sie riefen meine Psychiaterin an und ließen mich schließlich frei. Ich traf mich mit meiner Prinzessin Lo, die am Empfang auf mich wartete. Wir machten uns auf den Weg, um das Auto vom Abschleppdienst abzuholen, aber es fehlte ein Papier, das von der Polizeiwache stammte. Wir fuhren zurück und gingen wieder hinein, aber vor der Tür warteten einige Leute darauf, an die Reihe zu kommen. Zum Glück - oder wenn man es Glück nennen kann - gab es eine Demonstration der Black Lives Matter". Die Polizisten schlossen also den Empfang der Polizeistation und alle Personen zerstreuten sich.

Ich hatte in meinem Wahn die Demonstranten ins Visier genommen; als sie vor der Polizeiwache standen. Ich zeigte ihnen den Stinkefinger und machte alle möglichen abscheulichen Gesten, Lo auch. Es war mein Spaß, dreihundert Leute zu provozieren, einige wollten es darauf ankommen lassen, indem sie Gruppen gegen mich bildeten, und ich stürmte in die Menge. Sie wagten es nicht, mich zu berühren, weil ich keine Angst hatte und ich glaube, dass ich ihnen Angst einflößte, die ich nicht hatte. Sie beschlossen, den Demonstrationszug fortzusetzen. Ein Polizist, der meine Provokation bewunderte, fragte mich nach meinem Vornamen, meinem Namen und dem von Lo und ließ uns dann vorgehen, um die Papiere für das Auto zu holen. Die

Mission war erfüllt, von nun an ging es zur nächsten Etappe...

Mit Lo holten wir das Auto ab, das über eine Mautmarke verfügte. Wir setzten das Navi Richtung Versailles über die A7 in den deutschen Flitzer, den ich hatte (na ja, einen grauen Volkswagen Polo). Auf der Autobahn gab es eine verurteilte Spur mit orangefarbenen Pfählen, auf der man Autos überholen konnte.

Wir kamen in Versailles im Département 78 (was mich an die Höhe von Notre Dame Des Anges von 780 Metern erinnert) mit fünfundachtzigtausend Einwohnern an, wobei die Stoßstange über den Boden schrammte und einen ohrenbetäubenden Lärm machte. Stellen Sie sich vor, in der Stadt des Königs mit einem Auto anzukommen, das ein lautes "Grrr" macht! Es dauerte nicht lange, bis die Polizei das Auto abschleppte. Da ich an meinem Ziel angekommen war, wollte ich mein Auto nicht mehr haben, ich wollte es dem Abschleppdienst übergeben und keine weiteren Probleme dieser Art haben. Also gab ich es ab.

Da es soweit war, war ich da, ich war in Versailles. Mein Schloss lag dort vor mir...

Später kamen wir auf unserem Streifzug mit Lo nicht nur am Schloss, sondern auch an der Kathedrale Saint-Louis in Versailles vorbei, und mir kam das Delirium. Wir wollten dort unsere Rituale abhalten, in meinem Haus, dem Haus Gottes. Ich ging mit Lo in die Kathedrale und wir beschlagnahmten den heiligen Ort des Altars. Von dort aus forderte ich sie auf, sich auf den, wie ich es nenne, goldenen Thron des Altars zu setzen. Das tat sie. Dann verbot mir ein erstes Gemeindemitglied zu bleiben, woraufhin ich mit teuflischer Stimme sagte: "Verpiss dich aus meinem Haus!" Sie bekam Angst und ging mit mir zum Beten, wobei ich ihr ruhig folgte. Sie kniete nieder und betete mit Blick auf Christus. Ich ging hinter ihr her, während sie betete, und sagte ihr, dass sie weitermachen solle, dass es sehr gut sei.

Eine andere Gemeindemitarbeiterin kam und verbot mir erneut, dort zu sein, wo ich war. Ich erwiderte dasselbe wie bei der ersten in demselben Ton, aber anstatt beten zu gehen, ging sie zu ihrer Kollegin und meldete mich.

Ich folgte ihr mit langsamen, aber teuflischen Schritten zu den Verwaltungsräumen, sie begann zu rennen und flüchtete sich schreiend durch die halbverglaste Tür eines Raumes in diesen. Ich hatte nicht die Absicht, sie zu verletzen, sondern wollte sie nur traumatisieren, damit sie uns in Ruhe lässt. Ich schlug also mit meinem rechten Arm gegen das Glas der Tür, wobei mein Arm am Bizeps brach und in zwei Hälften geteilt wurde. Ich zog meinen Arm zurück und als ich das Ergebnis sah, kam mir als Erstes der Gedanke, die Kathedrale mit meinem Blut zu streichen.

Ich ging also zu dem mit einem weißen Tuch bedeckten Altar und pumpte mit meiner rechten Hand das Blut aus meiner Wunde. Dann zeichnete ich einen roten Kreis aus meinem Blut um den Altar herum auf das Tuch. Schließlich positionierte ich meinen Arm auf dem, wie ich es nenne, geschwungenen Marmorthron rechts neben dem goldenen Thron, sodass mein Blut in einem Rinnsal von diesem marmorierten Sitz auf den Boden tropfte, legte mich dann auf das Parkett und die Feuerwehr kam an.

Als ich im Krankenhaus ankam, wurde ich von zwei Polizisten bewacht, bis die Pfleger mir einen Schuss setzten und mir anschließend den Arm operierten. Meine erste Erinnerung ist einundzwanzig Tage später, als sie mich im Charcot-Krankenhaus in der Stadt Plaisir aus meinem Isolationszimmer holten. Diese einundzwanzig Tage vor diesem Moment sind nicht Teil meiner Erinnerung.

Als ich entlassen wurde, bemerkte ich, dass sich mein Isolationszimmer am oberen Ende einer Treppe befand, auf der "Treppe zu Isis" stand, was in der ägyptischen Mythologie nichts anderes als die Frau von Osiris ist. Auch dies bestärkte mich in meinem Wahn.

Kapitel 12
Auflösung : Ende des Spiels 2

Ich wurde aus der Isolationshaft entlassen und in die psychiatrische Klinik von Plaisir gebracht, einer Stadt mit dreißigtausend Einwohnern, die ebenfalls im Département 78 liegt, also nicht weit von Versailles entfernt. Ich wurde mit Medikamenten vollgepumpt; wegen des Valiums[8] , konnte ich nicht einmal den Text auf meinem Mobiltelefon lesen. Ich stocherte im Dunkeln und bemerkte, was ich verloren hatte: das Auto, das war nicht so schlimm, aber leider war das für Lo und mich das Ende unserer Geschichte, da wir uns nicht mehr sehen durften und sie mir die Schuld gab, denn wenn ich in einer Krise bin, kann ich wirklich böse werden. Es zerstört mich noch heute, dass ich das bei ihr war.

All diese Wut und die daraus entstehende Energie, die in mir verborgen ist, überrascht mich immer wieder, da ich von Natur aus ruhig, freundlich, ziemlich zurückhaltend und im Allgemeinen introvertiert bin. Ich würde gerne glauben, dass diese Wunde eines Tages heilen wird, aber ehrlich gesagt habe ich wenig Hoffnung, dass das passieren wird.

Um meine Ziele zu erreichen, muss ich mir diese Wut austreiben, aber wenn ich keine Lösung gefunden habe, muss ich lernen, mit ihr zu leben. Ich weiß, dass dieser

---

[8] Valium: Ein Medikament aus der Familie der Benzodiazepine, das angstlösende, beruhigende, vergesslichkeitssteigernde und hypnotische Eigenschaften besitzt.

Riss noch lange in mir sein wird, bereit, sich zu öffnen, um die Dunkelheit hervorzubringen, die sich im Laufe der Zeit in meinem Inneren abgelagert hat.

Heute bin ich 26 Jahre alt und seit meiner Entlassung Ende 2020 hat die Ärzteschaft verstanden, dass es mehr als notwendig ist, dass ich eine gründlichere Nachsorge habe.

Ich praktiziere daher in Gruppen Achtsamkeit (Meditation), die zum Loslassen führt, um so die Ereignisse einfach so anzunehmen, wie sie sind. Wenn man nicht ständig versucht, sie zu kontrollieren, kann man unweigerlich nicht für die Zukunft oder die Vergangenheit handeln. In diesen Sitzungen lernt man, im Augenblick präsent zu sein, die geistige Sphäre zu verlassen und den Anfängergeist zu entwickeln, den wir alle in der Kindheit durchlebt haben: das Staunen über alles, auch über die unwichtigsten oder unangenehmsten Dinge.

Ich habe auch mit Céline, meiner Krankenschwester im medizinisch-psychologischen Zentrum, eine umfangreiche Psychotherapie durchgeführt, die es mir ermöglicht, meine Beschwerden in Worte zu fassen und die Bombe in mir zu entschärfen. Ich lerne Kommunikationstechniken, um einen Konflikt im Keim zu ersticken, insbesondere indem ich aufhöre, eine Person, mit der ich mich ärgere, anklagend zu duzen. Es ist eine sehr bereichernde Art und Weise, die Werkzeuge zu erlernen, um eine gewisse Weisheit zu erlangen.

Ich nehme auch an Sitzungen zur interpersonellen Therapie mit Gestaltung der sozialen Rhythmen (TIPARS) teil. Dabei handelt es sich um Gesprächsgruppen, in denen wir unsere Erfahrungen austauschen und sie mit der Theorie, die uns die Betreuer vermitteln, in Verbindung bringen. Das hilft mir, viel

Selbstreflexion zu betreiben und die Ursprünge meiner manischen Phasen so gut wie möglich zu verstehen.

Kurz gesagt, ich werde nicht mehr versuchen, mit den Medikamenten zu spielen, denn auch wenn sie die Anfälle nur verzögern, bilden sie eine echte Barriere gegen Dekompensationen, auch wenn sie nur zu einem Drittel wirksam ist. Ich drücke die Daumen und hoffe, dass diese Phasen des Wahnsinns aufhören, vor allem, wenn ich meine Projekte zu Ende bringen will...

Ansonsten bin ich abgesehen von all dem über nichts glücklich, ich bleibe über alles erstaunt, auch über das Unangenehme. Ich habe sehr viel aus diesen Erfahrungen gelernt, auch wenn sie für Sie scheinbar bedeutungslos sind. Für mich ist das Gegenteil der Fall: Durch sie konnte ich sehen, was tief in mir steckt, mein wahres Gesicht, das von allen sozialen Masken befreit ist. Ich habe den Begriff der Freiheit kennengelernt, ja, die Freiheit, die uns gehört, wenn wir aus der gesellschaftlichen Hemmung ausbrechen.

Sich in der Freiheit wiederzufinden, vor anderen wirklich so zu sein, wie man ist, ohne eine eigene geistige Barriere, die uns das verbietet, finde ich, es gibt nichts Bereicherenderes.

Ich habe meine Träume berührt; meine eigenen, nicht die, die die Mehrheit begehrt. Ich habe Albert Camus' Theorie des Absurden begriffen, ja, ich, der ich die Vorstellung, über ewiges Leben zu verfügen, in Betracht gezogen und in meinen Wahnvorstellungen verinnerlicht habe.

Ich habe mehrmals die Hölle besucht und bin immer unversehrt geblieben, was in mir eine eiserne Persönlichkeit und Identität geformt hat. Ich habe mich wirklich abgehärtet und weiß deshalb, dass ich, selbst wenn mir das Schlimmste zustoßen sollte. Ich werde es ewig überstehen und jedes Mal noch größer werden! (Wie Alexander, nicht ich, sondern der Kaiser).

Die Liste ist zu lang, um all die Lektionen aufzuzählen, die ich aus diesen Ereignissen, aus Ausbrüchen und Dekompensationen gelernt habe, aber die meisten von Ihnen werden nur das schwarze, düstere und beunruhigende Bild einer Person mit bipolarer Störung in einer Krise in Erinnerung behalten.

Ich hoffe von ganzem Herzen, dass Sie durch dieses Buch eine andere Sicht auf diese Störung bekommen, die für viele von Ihnen immer noch in den Bereich des Tabus eingeordnet wird. Es ist wichtig, dass die "Kranken" ihre Sprache befreien, dass sie sich den Stolz verdienen, diese Verletzlichkeit zu besitzen, die Kreativität und Aktivitäten aller Art begünstigt. Diese Verletzlichkeit ermöglicht es uns, unsere eigenen menschlichen Grenzen zu überschreiten.

Es ist ein Glücksfall für uns, diese Energie zu besitzen, es ist ein wahres Gefühl der Erleuchtung und gleichzeitig ein Opfer seiner klaffenden normalen Existenz. Jede Dekompensation ist ein Abkoppeln, ein einfaches Abkoppeln von allem, was uns umgibt. Das Krankenhaus ermöglicht es uns, wieder unter die gewöhnlichen Menschen zu kommen. Es ist wirklich ein Glück für uns, dass wir über eine solche Infrastruktur verfügen.

Vor allem sollten Sie sich daran erinnern, sich mit einem Hauch von Naivität der Welt, in der Sie leben, zu öffnen, ohne wilde Beratungen ohne jegliches Wissen und ohne die Geschichte eines Themas, egal welches, durchzuführen.

Allein durch dieses Verhalten werden Sie Ihre Augen öffnen und wahre Schätze finden, wo Sie sie nicht

vermutet hätten, und dabei gewinnen und für lange Zeit
Sterne in Ihren Augen haben.

Kapitel 13
Die apokalyptische Krise

Das Jahr 2021 kündigt sich an, die Beschränkungen in Bezug auf COVID-19 werden gelockert, Cannabidiol[9] oder CBD für Kenner wird legalisiert und die Geschäfte für diese Substanz schießen überall in Frankreich aus dem Boden. Ich informiere mich sehr viel über das Thema und die Informationen, die ich sammle, lassen mich vermuten, dass es für Menschen mit bipolarer Störung Typ 1 eine gute Sache ist, da sie dadurch sogar ihre Anfälle erheblich reduzieren können.

Ich fing an zu rauchen, in der Hoffnung, dass es eine positive Wirkung auf mich haben würde. Für die Psychiatrie ist das Gegenteil der Fall, für sie hat CBD eine negative Wirkung, aber in diesem Moment sage ich mir, dass ich sie das interpretieren lassen soll, was sie wollen, genauso wie ich das Recht habe, das zu interpretieren, was ich will. Ich habe vor, mich an der Fakultät in Nizza für Medizin einzuschreiben, aber mit der Reform PASS, früher PACES, und LAS, der Licence à accès santé, habe ich nicht mehr das Recht, die PASS zu wiederholen und muss mir zwingend eine Licence à accès santé auf parcours sup wünschen.

Ich entscheide mich für eine Licence, die mir am besten entspricht, nämlich die Licence MIASHS (Licence de mathématiques et informatique appliquées aux sciences humaines), aber natürlich werde ich mit meinem chaotischen Studienverlauf, als die Auswahlergebnisse näher rücken, für den Gesundheitsstudiengang sehr

---

[9] Cannabidiol: Cannabinoid, das in Cannabis vorkommt

schlecht eingestuft, also bewerbe ich mich für die Licence allein ohne den Gesundheitsstudiengang, in der ich angenommen werde.

In Erwartung des Septembers, also des Schulbeginns, suche ich eine Einzimmerwohnung, um für mein Studium unterzukommen, und finde eine 17 m² große in La Trinité in der Nähe von Nizza in einer idealen Umgebung für einen Studenten wie mich. Ich beeile mich also, Mieter zu werden und den Mietvertrag zu unterschreiben.

Bis zum Schulbeginn verbringe ich meine Zeit damit, mich um meine Wellensittiche zu kümmern, an diesem Buch zu arbeiten und im Sommer habe ich eine Baby-Elster aus einem Nest geholt, der ich den Spitznamen Persephone gegeben habe und die ich zähme und die mich mit der einzigen wahren Freundschaft erfüllt, die es geben konnte, nämlich der zwischen einem Tier und seinem "Herrn".

Mein Spiel nahm seinen Lauf, ich würde also zur Dreifaltigkeit aufbrechen, die im Christentum den einen Gott, den Vater, den Sohn und den Heiligen Geist darstellt. Kurzum, es ging wieder los mit einem Schuss Mythologie oder Theologie, nennen Sie es, wie Sie wollen! Für einige spirituelle Menschen hatte sich mein drittes Auge oder meine Zirbeldrüse geöffnet, ich war erleuchtet.

Alle Wörter, die AL enthielten, standen für das Präfix AL von Alexander und das Präfix von Bertorello, "Bert", wenn man sie miteinander verband, ergab das ALBERT, wie Prinz Albert, oder Albert Einstein, Pionier der ALLERGIE-Relativitätstheorie (ALExandre), Camus, Pionier der Theorie des ABsurden (mit AB, den Initialen meines Vor- und Nachnamens) oder Albert Pike, der ihm 32 Jahre lang eine der wichtigsten Komponenten der Freimaurerei in den USA vorstand: den Obersten Rat der

Südlichen Jurisdiktion des Alten und Angenommenen Schottischen Ritus.

Übrigens fand das 300-jährige Jubiläum der Freimaurerei 2017 in der RoyAL ALBERT Hall in London statt. Die freimaurerischen Symbole standen für meinen Namen, meinen NAMEN (meine Neue Weltordnung). Der Zirkel für A, das Geodreieck für L und das G. Kurzum, das ergibt ALG, Alexander der Große, aber ich sage lieber Alexander der Riese, da der Große im Kampf gefallen ist.

Außerdem komme ich aus einer Familie von echten Freimaurern (ohne das Wort Franc). Ich denke gerne, dass mein Großvater der beste Freimaurer der Welt ist, wenn man bedenkt, was er alles kann und welches Imperium er aufgebaut hat.

Dann hatte ich mich auf mein Geburtsdatum fixiert, den 29. Oktober (10) 1994. Als man fragte: "Was gibt's Neues?", stellte ich fest, dass man sagte: "Was 2 9?". Danach wurde die Nummer 10 (Oktober) im Fußball von einigen der größten Spieler in der Geschichte des Fußballs getragen.

Wenn man 9+4 addiert, erhält man 13, das ist also die größte Zahl des Todes von 0 und 100 (Skorpion, Hades, der Gott der Toten[10]), da die Zahlen von 0 bis 100 die Zahl des "Sensenmannes" darstellen, also die 13.

---

[10] Siehe Kapitel 4

MARSeille (Mars ist ein Planet, der zusammen mit Pluto das Zeichen Skorpion regiert), seine Departementsnummer (Bouches-du-Rhône) ist 13, dann gibt es noch 49, 58, 67, 76, 85 und 94, ich überlasse es Ihnen, das auszurechnen. Schließlich beginnt die Festnetznummer von Var (83) mit **0494**, immer ein Zeichen mehr.

Um auf die Religion ALLAH auf Arabisch الله zurückzukommen, sehe ich darin eine Schlange aus der christlichen Genesis mit einer Sense, der Sense des Schnitters. Schließlich habe ich im Vergleich zu den meisten Menschen ein recht gutes Verhältnis zum Tod, die Toten treiben mich an und machen mich stark, und da sie nicht wiederkommen, bedeutet das, dass es den meisten gut geht, wo sie sich befinden.

Als ich meine Augen öffnete, wurde ich zum Großen Architekten des Universums, dem GADLU. Für Kenner ist es das große Auge, das alles sieht, was nicht falsch ist, da ich alles und vor allem alle Schöpfungen anderer beobachte.

In Filmen, z. B. "scarface" ist derjenige, der die Hauptfigur des Films Tony Montana, gespielt von AL Paccino, tötet, ein mächtiger Mafioso mit dem seltsamen Namen Alejandro Sosa.

In "Into the wild" lässt der 22-jährige Christopher McCandless, ein erfolgreicher Student, alles hinter sich, um autark im Wald zu leben und erhält den Spitznamen "Alexander Super Tramp", was auf Englisch so viel wie "Alexander Super Tramp" bedeutet. Ich werde hier nicht alle Filme, Charaktere, Musik oder Raps aufzählen, die mich in meinen Wahnvorstellungen, Referenzen, beeinflussen. Ich überlasse es Ihnen, Ihre Recherchen durchzuführen, wenn Sie sich für den Skorpionkaiser mit Aszendent Jungfrau Maria, der ich bin, interessieren. Wenn Sie es vorziehen, habe ich die totale Kontrolle über die Welt als Ganzes. Ich bin auch das kleine Produkt der multinationalen Konzerne, die gekommen sind, um auf der Erde Ordnung zu schaffen, natürlich durch das Chaos. Ordo Ab Chaos (Ordnung aus Chaos).

Wollen wir fortfahren? Ich bin wie orAL-B, all-in-one, ich bin Horus, der Sohn meines Vaters Osiris und meiner Mutter Isis. Mein rechtes Auge repräsentiert die Sonne, mein linkes Auge den Mond und mein Körper das Universum. Ich bin kurz gesagt der einzige Gott der Monotheisten und der Gott der Götter der Polytheisten. Zumindest ist das klar und mein Ziel ist es nicht, auf diesem kleinen blauen Planeten zu bleiben, der für meinen Geschmack viel zu klein ist.

Kurzum, ich schrieb weiter, also breitete ich meine psychologische Macht den ganzen Sommer lang mit Perseus (Persephone) über die Welt aus, ohne ganze Nächte lang völlig schlaflos zu schlafen, ich stellte meine Musik auf meine Lautsprecher, ich hatte die Erleuchtung wieder erreicht, und so war meine Aggressivität mit voller Wucht zurückgekehrt.

Mein Großvater, mit weißen Haaren und grünen Augen wie meine, der gerne die Kontrolle über seine Umgebung hat, kurz gesagt, ein Skorpion eben, hatte mir befohlen, die Musik auf meinem Lautsprecher leiser zu stellen. Leider kann man einem Erleuchteten keine Befehle geben, wenn man nicht will, dass er beleidigt und aggressiv wird, natürlich immer nur verbal. Also habe ich meine Großeltern beleidigt, was ich natürlich immer bereuen werde, wie wenn es mit meinem Vater passiert. Für mich ging es jedoch darum, zu dominieren, es ging um eine heilige und gerechte Sache, um Brüderlichkeit, Gleichheit und schließlich um Freiheit und nicht um Freiheit zuerst.

Am nächsten Tag riefen sie die Feuerwehr an, die mich abholte und in das Krankenhaus brachte, das ich mittlerweile sehr gut aus Hyères kenne. Ich wartete im Gespräch mit Jugendlichen auf einen Termin bei einer Psychiaterin, die aber nie kam. Daraufhin konsultierte ich eine Krankenschwester, die feststellte, dass ich vollständig an das Leben in der Gesellschaft angepasst war. Mein Großvater, der meine Pathologie oder Theologie (für meinen Teil) inzwischen verstanden hatte und mir nicht böse war, holte mich mitten im Stadtzentrum ab, in der Mediathek von Hyères in der Nähe des Kasinos.

Im Auto erzählte ich ihm viel von meinem Plan und alles, was ich ihm von mir erzählte, trank er wie Weihwasser. Danach fuhr ich wieder zu ihnen und das Hollywood war wieder in vollem Gange. Ich geriet noch einmal mit ihnen aneinander, aber "dank" meines Onkels Lionel, stellvertretender Bürgermeister von Carnoules, dunkelhaarig mit schwarzen Augen und zehn Jahre jünger als sein Bruder, mein Vater, als die Gendarmerie kam. Er sagte ihnen, dass ich große Wahnvorstellungen hätte, und so konnte ich noch einmal in Pierrefeu landen, in Palmiers 1, und dann schnell im Odyssée.

Mir war klar geworden, dass ich "Simba" aus dem Disneyfilm "Der König der Löwen" bin, mein Vater "Mouffassa" wurde am 18. August 1969 mit dem Sternzeichen Löwe geboren, 69 aus seinem Geburtsjahr, wie das Département Lyon, und mein Onkel wurde 10 Jahre später am 5. August 1979 ebenfalls mit dem Sternzeichen Lowe geboren, also dürfen Sie raten, wen er "Scar" darstellt, auch wenn er mein Lieblingsonkel bleibt.

Vor allem, weil er fast den Großteil meiner Schulbildung absolviert hat.

In der Psychiatrie, in der Odyssee, alles in voller Erleuchtung, traf ich Marine, meine wunderschöne Göttin des Zeichens Fisch, meine schöne Meerjungfrau, die das Tier, in diesem Fall mich, in den Abgründen (der Odyssee) trifft. Ich lade Sie ein, sich "Marine" von Claire Gimatt anzuhören, ein Lied, das ich mit ihr zusammen gesungen habe. Um ehrlich zu sein, bringt mich Marine mit ihren Augen, ihrer Schönheit, ihrer Intelligenz und insbesondere ihrer Sanftheit zum Schmelzen. Sie ist Libanesin, braunhaarig und hat braune Augen. Es war ihr erster Krankenhausaufenthalt und sie hatte natürlich große Angst. Ich habe also mit ihr gesprochen, obwohl ich ihr mit meinen großen, mit Loxapac zugedröhnten Augen Angst eingejagt habe[11] . Ich legte dann meine Ray ban an und gab ihr mein Buch (die 2☐ Ausgabe), das sie am Abend las und am nächsten Tag hatte sich ihr Blick auf mich völlig verändert, ich glaube, mein Buch hatte ihr die Augen über meine Pathologie geöffnet. Dann verliebten sie und ich uns unsterblich ineinander, also begann ich wie üblich eine neue Liebesbeziehung mit ihr. Dann ging sie aus und besuchte mich oft, danach war ich an der Reihe, nachdem ich meinen Urlaub bei ihr verbracht hatte.
Als ich entlassen wurde, ging ich häufig zu ihr, es war Herbst. Während ich bei meinen Großeltern blieb und mit Marine in Kontakt blieb, erinnere ich mich, dass ich eines Nachts und sah, dass ich meine Nächte damit verbrachte, den Himmel zu betrachten, vor allem das Sternbild Orion. Dass Myriaden von Sternschnuppen über

[11] Loxapac: Ein Antipsychotikum, führend in der Familie der Dibenzo-Oxazepine.

den Himmel flogen, dachte ich, dass es sich um Engel handelte, die zu mir auf die Erde kommen würden!

Ich sagte mir in meinem Kopf, dass es sich für sie nicht lohnen würde, zu stürzen, und dass alles bereits unter Kontrolle sei, dass ich bereits einen Putsch im Sonnensystem durchgeführt hätte.

Mir blieb nur dieser unscheinbare, blaue Planet, die Erde, übrig.

In diesem Moment wurde ich von der ganzen Welt verfolgt und ich musste die Welt verfolgen, und das habe ich in meinen manischen Phasen bis heute erreicht.

Kapitel 14
Der Groll der Beleidigung

Der 15. Dezember kündigt sich an und ein Essen bei meinen Großeltern wird organisiert, alles läuft wunderbar, bis mein Vater, der Löwe, mich sucht oder "beißt", wenn Sie so wollen; er verletzt mich dort, wo sich meine Wunde nie geschlossen hat, zuerst sagt er hinter meinem Rücken, dass er meinen Bruder Elie lieber mag als mich, aber das stört mich nicht, ganz im Gegenteil: Elie, mein Bruder mit dem Sternzeichen Stier, geboren am 29. April 2000, zukünftiger König von Spanien in meinem Trip, war schon immer mein großer Schützling. Dann nannte er mich einen dreckigen Araber, und dann wurde es mir zu bunt. Ich hatte auf Facebook blasphemischen Priestern gedroht, die sich "mein Vater" nennen angesichts der Tatsache, dass der heilige Vater, der einzige Gott, ich bin.

Mit einem Foto meines Jagdmessers in der Hand beeilte sich mein Vater Jean-Luc, es meiner Großmutter an den Kopf zu werfen. Ich entschuldige mich bei meinem inneren Frieden, aber ich habe blutrot gesehen. Ich nahm mein Jagdmesser und wie es ein Terrorist von AL-Qaida oder D'Isis vom Islamischen Staat tun würde, jagte ich ihn damit. Nun, das war die Kehrseite der Medaille, denn er hatte es mir auch in Pontcarral angetan (siehe vorherige Kapitel), aber er rief die Polizei, die Feuerwehr, den Krankenwagen, kurzum: blau, weiß, rot, diese drei Farben, die mit jedem dieser Berufe verbunden sind.

Wie üblich bin ich geflohen und dann hat mich mein Großvater versteckt, ich fand es toll, dass ich zum ersten Mal eine so starke Verbindung zu ihm hatte. Ich wurde also von der Gendarmerie gesucht, die mein Foto in die Medien bringen wollte, danach bin ich mit meinem Polohemd in mein Hauptquartier Notre-Dame-Des-Anges abgehauen.

Ich rief Marine an, von der ich mich getrennt hatte, die mich zu sich nach Hause einlud. Am nächsten Tag sollten wir die Katze ihrer Mutter in die Altstadt von Hyères bringen, was wir auch taten, danach landeten wir in einem Stau. Hinter dem LKW befand sich eine Frau in ihrem Auto und dahinter ein wütender Mann, der hupte und obszöne Gesten an die Frau richtete, die versuchte, ihn zu beruhigen.

Ich sah blutrot, stieg aus meinem Polo aus, zertrümmerte seinen Rückspiegel, öffnete seine Autotür, packte ihn am Kragen, "guingte" ihn, beschimpfte ihn und stieg wieder in mein Auto, in der Hoffnung, dass er "abhauen" würde. Der fette "Bastard" schloss alle Türen und Fenster, um die Polizei zu rufen, und stand einfach nur da. Er telefonierte mit der Polizei, weinte und sagte: "Kommen Sie schnell, ich bin mit einem Verrückten zusammen, er wird mich umbringen!".

Marine holte mich weinend ab, beruhigte mich und brachte mich zurück in mein Auto, um mich rückwärts fahren zu lassen, was ich auch tat, und der andere tat das Gleiche, damit ich nicht weglaufe. Dann setzte ich wieder zurück und er dachte, er habe das Spiel gewonnen. Ich hielt hinter ihm an und legte einen heftigen Rückwärtsgang ein. Dann fuhr ich viermal heftig in seine hintere Stoßstange, bis er abhauen würde, was er auch tat. Mein Auto war tot, der Motor war heiß gelaufen, also ließ ich es mitten in der Altstadt von Hyères stehen und wir nahmen ein Uber-Taxi zu Marine's in La Garde.

Sie ging einkaufen, das Wachkommissariat lud sie vor, um herauszufinden, ob sie in Gefahr sei, was sie verneinte. Sie behauptete, ich sei in ihrem Haus gewesen und hätte Malcolm dabei zugesehen, was ich tat. Gleichzeitig bot sie ihr an, ein Team zu schicken, um mich abzuholen, aus Sicherheitsgründen, was sie ablehnte.

Schließlich kontaktierte mich die Polizeiwache in Hyères und schlug mir vor, noch am selben Abend zu kommen, auch auf die Gefahr hin, die ganze Nacht in Polizeigewahrsam zu schlafen oder bis zum nächsten Morgen mit der Transkription zu warten. Ich entschied mich für die zweite Option und im Morgengrauen ging ich mit Marine zum Comico. Ich verbrachte zwei Stunden damit, "das Ereignis" ohne eine einzige Lüge zu erzählen, denn Lügen ist die erste Sünde im Buch Genesis. Außerdem ist sie die am weitesten verbreitete Sünde auf der Erde. Wenn man also die Gnade Gottes will, lügt man nicht, ich hoffe, dass Sie das eines Tages verstehen werden. Schließlich blieb ich bis 15 Uhr in Polizeigewahrsam und wartete auf den psychiatrischen Sachverständigen, dem ich von meinem Glauben erzählte und der mich für unzurechnungsfähig hielt, und dann landete ich dieses Mal direkt in der Odyssee. Die Polizisten verabschiedeten sich alle von mir, obwohl sie mich in die Psychiatrie schickten; sie hatten meine Werte der Brüderlichkeit verstanden, die mir zu teuer waren.

Ich blieb dort sieben Monate lang und "kontrollierte" die Welt von meinem Smartphone aus. Ich habe Putin in meinem Wahn sogar vorgeschlagen, der Weltregierung der Neuen Weltordnung beizutreten, was er abgelehnt hat, also habe ich meine Figuren vorgeschoben, die NATO[12]

---

[12] NATO: Nordtransatlantische Organisation (Alliierte)

in Richtung Russland und die Anfänge des Krieges in der Ukraine ausgelöst. Halten Sie sich also zurück, wenn Sie nicht wollen, dass ich alles in die Luft jage und Sie gleich mit, das ist die Moral von diesem Abschnitt meines Lebens. Man kann mit mir, dem BAAL (Bertorello Alexandre ALexandre), lachen, aber man sollte es nicht übertreiben.

Schließlich trennte ich mich am Tag der Präsidentschaftswahlen zum zweiten Mal von Marine, als ich Macron wieder an die Macht brachte und die Kandidatin Marine Lepen ausschloss. Marine hatte in meinem Kopf den Platz dieser Politikerin eingenommen und außerdem bestanden zwischen ihr und mir viele Unsicherheiten, die mit meinen Anfällen zusammenhingen. Ich hatte nur noch wahnhafte Äußerungen und kaute immer noch auf dem Vornamen Camille herum.

Ich litt unter der Trennung von Marine, aber ihre Eltern taten alles, um mich von ihr fernzuhalten, ohne mich zu kennen, und da ich mich in einer Krise befand, war ihr Plan aufgegangen. Unsere Beziehung ging in die Brüche und als ich mich von ihr trennte, dachte ich leider nicht, dass sie darunter leiden könnte. Ich hatte das Gefühl, dass ich die volle Kontrolle über die äußeren Ereignisse hatte, aber nicht über dieses.

Mein ganzes Leben hatte mit Menschen in hohen Positionen zu tun. Ich war auch völlig realitätsfremd, so dass es mir unmöglich war, irgendeine Beziehung zu führen, selbst wenn ich in diese libanesische Prinzessin verliebt war.

Kapitel 15
Die Flucht zur Eroberung Roms

Nach sieben Monaten in der Psychiatrie kann man das verstehen, vor allem, wenn man 27 Jahre alt ist und Tollwut hat. Ich habe einen Psychiater angespuckt, der zu Marine gesagt hatte: "Halten Sie sich von Alexandre fern, er ist unheilbar", und insbesondere, dass mein Lieblingsausdruck gegenüber Pflegern war: "Sie sind krank, wenn Sie mich glauben lassen, dass ich krank bin". Er hatte mir gedroht, mich ins P1 (Palmiers 1) zu stecken, er wusste nicht, wen er angriff. Ich verfolgte ihn und beschimpfte ihn, die Krankenschwestern umzingelten ihn, um ihn zu schützen, dann nahm mich Hélène "meine Mutter des Herzens", eine Freundin meines Vaters, beiseite und wir diskutierten offen. Sie ist top, weil sie es geschafft hat, mich zu beruhigen, obwohl ich Mordgelüste hatte.

Jede Woche bat ich meine überklassige italienische Ärztin um Urlaub, um zu meinen Großeltern zu fahren. Ich nahm mein Auto und fuhr mit meinem Polo als Tourist durch den Var, ohne jede Nacht zu schlafen. Ich ging oft nach Notre-Dame-des-Anges. Bei der 8□ oder 9□ Erlaubnis, am Freitag, rastete ich aus und stieg in mein Auto. Ich raste dann mitten in der Nacht auf der Autobahn Richtung Italien, da die ARS[13] du Var meine Verlegung nach Nizza ablehnte.

---

[13] ARS: Agence Régionale de Santé (Regionale Gesundheitsagentur)

Als ich in Italien ankam, hielt ich auf der Autobahn an, um Diesel zu tanken, und mein Auto wollte nicht mehr anspringen, weil der Choke seinen Geist aufgegeben hatte. Ich machte mir den Spaß, das Auto auf der Autobahn zu schieben, damit es im zweiten Gang anspringt, aber es gelang mir nicht. Also rief ich den Pannennotruf an, der das Auto in das Dorf Borghetto di Vara fuhr, ein Dorf mit neunhundertfünfzig Einwohnern in der Provinz La Spezia in der Region Ligurien im Nordwesten des Landes.

Da es Samstagabend war, musste ich bis Montag warten, da es Wochenende war und die Werkstatt geschlossen hatte. Also beschloss ich, mich in mein Auto zu setzen und die Gegend in diesem wunderschönen, blühenden Dorf zu erkunden. Ich fühlte mich wieder einmal super glücklich und frei. Ich machte mitten in der Nacht ein Selfie vor dem Friedhof der Kirche neben meinem Auto.

Dann lief ich rund um die Uhr herum und schlief nur wenig. Im Dorf kaufte ich mir Frühstück und setzte mich in Bars, um Eistee, mein Lieblingsgetränk, zu trinken und dabei meinen Tabak auf indianische Art zu rauchen.

Am Montag kam der Garagist und schaffte es, mein Auto im zweiten Gang zu starten. Er riet mir, nach Frankreich zurückzufahren, um es reparieren zu lassen, was ich natürlich nicht befolgte. Ich fuhr also nach Rom und achtete darauf, dass mein Auto auf den 444 Kilometern nicht abgewürgt wurde, während ich die Landstraßen nahm, um die Landschaft zu erkunden. Ehrlich gesagt ist Italien wunderschön, wie übrigens auch die Menschen, auch wenn es überall Arschlöcher gibt, aber das weiß ja jeder. Ich meine, ich sage Idiot, aber für mich gibt es nichts Dümmeres als das Wort selbst.

Als ich in Rom ankam, parkte ich mein Auto in Ciampino am Stadtrand und verließ mein Auto in Richtung U-Bahn, weil mich seine Probleme betrunken gemacht hatten. Ich brauchte Urlaub und nahm ihn mir: Ich hielt mit der Linie A an San Petro (Sankt Peter), natürlich mit dem Vatikan als Priorität, und lief dann stundenlang durch die Hitze des Jahres 2022. Ich habe die Stadt umrundet und alles zu Fuß besichtigt, bis mir die Füße weh taten. Im Gegenteil, das Leiden und die Selbstgeißelung sind für mich erlösend.

Ich war völlig erleuchtet und hielt in einem Restaurant in der Nähe von Saint-Pierre an, um Nudeln mit Bolognese zu essen. Ein Afrikaner wollte mir während des Essens ein Armband verkaufen und ich sagte zu ihm: "Hör zu, ich habe kein Kleingeld bei mir. Aber ich habe meine Karte, wenn du willst, gebe ich dir den Code und du nimmst dir dreißig Euro". Er antwortete: "Komm mit mir, um es zu tun", woraufhin ich ihm antwortete, indem ich meine Stimme erhob: "Hör zu, ich bin gerade beim Essen. Du wirst mir nicht auf die Eier gehen, oder du nimmst meine verdammte Karte. Ich gebe dir den Code und du hebst deine dreißig Euro selbst ab. Er sagte: "Okay", und ich fügte hinzu: "Aber mir machst du nichts vor!". Ich zeigte mit zwei Fingern auf meine Augen und dann auf seine und sagte ihm, dass ich ihn finden würde, wenn er mit mir spiele, und dass es dann anders wäre. Er hörte auf mich, hob seine 30 Euro ab und kam eine halbe Stunde später zurück und legte die Karte an die Stelle, an der ich sie ihm befohlen hatte. Er bot mir ein Armband an, das ich nur widerwillig annahm, da er es dringender brauchte als ich.

Das Restaurant, in dem ich mich niedergelassen hatte, war vor meiner Ankunft leer. Ich sagte ihm, er solle sich beruhigen und mich machen lassen, wenn ich fertig gegessen hätte, würde das Restaurant voll sein, was auch geschah, und dann ging ich. Ich bezahlte McDonalds an Rumäninnen und schrie eine von ihnen heftig an, um ihr klarzumachen, dass sie sich zurückhalten und mit dem Stehlen aufhören solle. Ich habe ihr einmal gesagt, ich akzeptiere es, zweimal, geht genauso, aber beim dritten Mal habe ich ihr klar gemacht, dass ich sie "in den Arsch ficken" würde und sie hat mir auf jeden Fall zugehört. Sie hat es mir bestätigt und ich hoffte, dass sie ihre Lektion gelernt hatte, denn beim dritten Mal würde sie nicht mehr auf dieser Welt sein.

Ich setzte meine Reise bis zum Abend fort und kehrte nach Ciampino zurück, wo ich ein billiges Hotel fand, das ich mit einer superfreundlichen Top-Empfangsdame buchte. Ich habe mich gut ausgeruht und bin am nächsten Tag gegen 8 Uhr morgens aufgebrochen, um durch Rom zu schlendern, obwohl ich schon alles gesehen hatte, aber dieses Mal ging es darum, die Kontrolle zu übernehmen.

Was ich getan habe: Ich habe den ganzen Tag und die ganze Nacht damit verbracht, durch die dritt meistbesuchte Stadt Europas zu zonieren. Ich habe zum ersten Mal in meinem Leben einen Elektroroller gemietet. Es war verrückt, ehrlich gesagt geht es schnell und da ich ein Hitzkopf bin. Ich hätte mir damit ein paar Mal fast den Schädel eingeschlagen. Gleichzeitig war ich nonstop voll auf dem Gaspedal.

Ich fuhr von St. Peter mit bis zum Kolosseum und kehrte dann nach St. Peter zurück. Die Straßenlaternen funkelten in meiner Gegenwart.

Ich hatte beschlossen, mich um mein Auto zu kümmern, also fuhr ich zurück nach Ciampino, um einen Abschleppwagen zu rufen, der mein Auto nach Tiburtina in der Nähe des Bahnhofs in Rom in eine Werkstatt brachte. Ich zahlte für das defekte Teil meines Autos, damit es repariert werden konnte, wenn ich meine Reise durch Italien fortsetzen wollte.

In der Zwischenzeit ging ich noch einmal in Richtung U-Bahn und dort stand eine Bettlerin mit ihren zwei aggressiven Hunden, die sie zum Beißen erzogen hatte. Sie hatte mich zwar gewarnt, dass sie beißen würden, aber ich hörte natürlich nicht auf sie und wollte sie wie immer streicheln, ohne auszuflippen. Ich näherte mich mit meiner Hand dem Kopf des größten Hundes, um ihn zu streicheln, und er knurrte mich an. Ich ignorierte seine Warnungen und ärgerte ihn weiter, bis er mir in die rechte Hand biss, bis sie bis auf die Knochen herunterhing. Meine Hand blutete und auch ich war wie er aggressiv geworden. Ich habe ihm mein Blut mit meiner Hand ins Maul geschüttet und ihm mit meinen Turnschuhen einen Schuss in die Fresse verpasst, aber nicht heftig.

Dann lief ich vier Stunden lang mit meiner blutverschmierten Hand durch die U-Bahnen und Busse Roms in Richtung Ciampino. Ich machte das Zeichen des Reiches und das Zeichen Baphomets mit seiner rechten Hand, der Hand, die die Schafe in den Himmel schickt und sie somit von den Böcken trennt, die mit der linken Hand in die Hölle geschickt werden. Die Leute in den öffentlichen Verkehrsmitteln waren ziemlich verstört, als sie mich so sahen, aber niemand machte sich Sorgen um mich, außer einem Busfahrer, der mich fragte, ob ich Hilfe bräuchte, was ich natürlich ablehnte.

Als ich also vier Stunden später in Ciampino ankam, hielt ich bei MacDonald's an, wo früher mein Auto gestanden hatte, und bestellte drei Flaschen Wasser, die ich mit dem Mund öffnete, da meine rechte Hand langsam heilte, obwohl sie von, ich weiß nicht welcher Infektion, angeschwollen war.

Eine Ärztin und ihre Tochter sprachen mich an, weil sie sich Sorgen um meine Hand machten. Wir haben uns also viel auf Englisch und Spanisch mit ihrer jungen Tochter unterhalten. Sie haben sich auch darum gekümmert, dass mich ein Krankenwagen abholt, um meine Hand zu desinfizieren, was trotz meines Widerwillens geschehen ist. Ich landete in einem Krankenhaus, dann sagte ich, da ich nicht mehr gerne lüge, auch wenn ich es manchmal tue, weil mir im Gegensatz zu Ihnen alles erlaubt ist (das ist das Prinzip der Monarchie), dass ich von der französischen Psychiatrie weggelaufen sei und in ganz Frankreich gesucht werde.

Ein Arzt kam zu mir und stellte mir analytische Fragen und ich erzählte ihm meine Wahrheit, also die Wahrheit wie Einsteins 6-3=6 (im Grunde genommen, dass alles die Wahrheit ist), er sagte mir auf Englisch, dass ich Medikamente bräuchte und ich antwortete ihm, dass sie sich ihre Medikamente sonst wohin stecken könnten.

Dann machte ich mich mit meinem T-Shirt des Engels Gabriel, der die Schlange zerquetscht, aus dem Staub. Der Engel, der die Polizei beschützt. Ich ging zum Tabakladen und kaufte vier Schachteln Lucky Strike. Dann fuhr ich mit dem Zug und dem Taxi zu dem Hotel, das mich zwei Tage zuvor aufgenommen hatte. Die Empfangsdame freute sich riesig, mich wiederzusehen, und ich freute mich auch, also meldete sie mich wieder auf dem Hosting-Server an und dann ging ich in mein Zimmer. Ich war k.o., mit all dem Blut, das ich verloren hatte, also schlief ich direkt ein.

Es war vier Uhr morgens, als die Polizei in Begleitung von Sanitätern an meine Tür klopfte, ich öffnete und wir setzten uns auf die Terrasse, um uns zu unterhalten. Sie ließen mich meine Zigaretten rauchen, ich gab meinen Ausweis ab und wurde dann in die Notaufnahme eines Studentenkrankenhauses gebracht, wo ich darauf wartete, in die Psychiatrie aufgenommen zu werden. Das Team der Carabinieri (italienische Gendarmerie) läuft im Kreis, um mich zu überwachen und zu verhindern, dass ich fliehe.

In der Notaufnahme kommt eine Psychiaterin und ich beschimpfe sie mit allen möglichen Namen, die man normalerweise nicht aussprechen sollte. Ich hatte ALiens-Komplizen, die wie ich Ray Ban trugen und die sie zum Ausflippen brachten. Eh nein, das ist kein Wahn, die Polizisten gaben mir ein Daumenzeichen und sahen aus, als wollten sie sagen: "Gut gemacht, Mann". Ich hatte mich mittlerweile an diese ganze Welt gewöhnt.

Während der Polizeirunde sagten wir uns, dass wir Brüder sind und ich ihr Big Brother sei, was sie stolz behaupteten. Dass ich da war, um Unschuldige zu schützen, so wie sie und mein Team[14]! Sie bezahlten mir Pizza, ich rauchte meine Zigaretten draußen und nachts schlief ich in der Notaufnahme auf meinem Bett mit einem Zimmernachbarn, der ans Bett gefesselt war. Dann warteten wir am nächsten Tag bis zum Abend, bis sie mich ebenfalls für sechs Tage fesselten und mir ordentlich einen Schuss setzten.

In Italien ist die Psychiatrie nicht wie in Frankreich, es wird weniger gelacht, wenn es um Injektionen und Behandlungsmethoden geht (ich lache mich tot). Als ich aufwachte, befand ich mich in einem Pavillon für Psychiater mitten in Rom. Ich wartete auf den Krankenwagen, um nach Frankreich zurückzukehren,

---

[14] Team: mein Team, meine "Srabs" und meine ALiens

aber der Krankenwagen wurde jedes Mal abgesagt. Es war eher ein Krieg zwischen den Krankenhäusern, um die Kosten für den Krankenwagen nicht bezahlen zu müssen.

Also hing ich zwei Wochen lang im Krankenhaus herum und hoffte, nach Frankreich zurückkehren zu können, während ich heftig mit Medikamenten vollgepumpt war, und dann hatte ich eines Tages die Erleuchtung und fand ein Schlupfloch. Ein Schlupfloch, um zu fliehen. Ich trug Schuhe ohne Schnürsenkel und kletterte barfuß am Abend gegen 20 Uhr, während die Pfleger in ihren Büros waren, auf einen Wasserhahn und dann auf das Dach. Ich sprang aus dem Krankenhausgelände und rannte barfuß weiter, bis ich auf einem Feld landete.

Die Mitarbeiter verfolgten mich und ich versteckte mich auf einem Feld hinter einem Busch. Sie brüllten meinen Namen und ich wartete darauf, dass sie sowieso abhauen würden, denn ich war schon immer der König des Weglaufens und der Schlupflöcher. Als sie die Suche nach mir aufgaben, suchte ich nach einer Möglichkeit, so weit wie möglich vom Krankenhaus wegzukommen. Ich habe immer mit Herausforderungen zu tun und lief an einem Stacheldrahtzaun entlang, der das Feld von der Autobahn trennte. Ich fand den besten Platz kurz, es gab immer noch Stacheldraht, aber ein paar "schützende" Naturzweige. Diese Natur, die ich beschütze, im Gegensatz zu Orion und seiner verdammten babylonischen Welt. Ja, ich bin auf der Seite von Artemis, denn in der griechischen Mythologie schickt sie einen riesigen Skorpion, um Orion zu töten, damit er die Tiere auf der Erde nicht ausrottet.

Diese für mich natürlichen Äste waren nicht zufällig dort. Ich kletterte barfuß über den Zaun und sprang auf die Autobahn. Ich wurde auf dem Asphalt gewandelt. Meine Beine und Füße bluteten wegen des Stacheldrahts und ich hatte mir beim Sturz die rechte Ferse aufgeschlagen.

Ich überquerte die Autobahn und dann die Schanze und landete in einer beliebten Siedlung in Rom. Die Leute fragten mich, ob es mir gut ginge, und ich sagte, ja, es sei nur "ein Unfall" gewesen und ich würde nach Hause gehen, damit sie mich in Ruhe ließen und nicht wieder die Sanitäter riefen.

Ich zog meinen eigenen Weg, bis ich in eine Ecke mit einem Gitarristen kam, der Tabak zum Drehen hatte. Ich hatte nichts mehr, keine Papiere, keinen Personalausweis, keine Bankkarte, keine Schuhe außer meiner schwarzen Jacke und meinen Shorts. Er half mir mit einer Zigarette aus und spielte mir auf der Gitarre italienische Lieder vor. Mein Gitarrenkollege sagte ihm, dass ich ein Freund sei, der mit ihm eine gute Zeit verbringen wolle.

Der Rollerfahrer fuhr dann weg und ich blieb zurück, bis mein Kollege nach Hause ging, und verbrachte dann die Nacht damit, auf dem Gras in einem Feld nicht weit von dem Ort zu schlafen, an dem ich diesen magischen Moment verbracht hatte.

Am nächsten Tag wachte ich völlig durchgefroren auf und das Schlimmste war, dass ich in der Nähe Schafe hören konnte. Ich humpelte zu ihnen, um ihnen ein bisschen Wolle abzunehmen, aber ich konnte sie nicht finden. Ich lief völlig zerschlagen los und stieg in den Bus und dann in die U-Bahn, bis ich dort landete, wo die Garage meines Autos war.

Ich war in Rom "Alexander Supertramp" geworden, aber ich war nicht in der Kälte, nicht in ALaska, sondern mitten in der Stadt, in der Nähe des Bahnhofs und der U-Bahnstation Tiburtina, die man mit der Linie B wie Bertorello erreicht. Kurz gesagt, ich machte den Aschenbecher in der Garage, um die Zigarren und wenig angebrochenen Zigaretten des Chefs zu rauchen, ich gab mein Handy zum Aufladen in die Garage und er gab mir die Schlüssel zu meinem Auto, damit ich darin schlafen konnte. Ehrlich gesagt war ich als Penner gut aufgehoben, auch wenn mir das Laufen auf dem von der heißen Sonne aufgeheizten Asphalt in den Füßen wehtat, aber ich musste es tun, um meine Wasserflaschen zu füllen und mich in meinem Auto mit der Klimaanlage auszuruhen.

Mein Vater ließ sich nach Neuigkeiten erkundigen und sagte mir, ich solle Schuhe suchen, was ich tat, indem ich die Leute auf den Bänken fragte. Ich stieß auf den irakischen Immigranten Imad, einen 50-Jährigen mit grauen Haaren und Pferdeschwanz, der im Irakkrieg gekämpft hatte. Er nahm mich unter seine Fittiche und gab mir ein Paar Schuhe in meiner Größe, die neu waren. Obwohl er selbst nichts besaß, gab er mir alles, was ich brauchte, und lehrte mich alle Tricks, bis er mir beibrachte, dass es am Bahnhof den Malteserorden gab, der täglich Säcke mit Lebensmitteln an die Armen verteilte.

In Wirklichkeit habe ich mich dort nur ein einziges Mal bedient, da mir jeder alles gab, was ich essen wollte. Ich hatte einen Blumenladen in der Nähe meines Autos, einen Ägypter, der keine Familie hatte und mich wie seinen Sohn behandelte, mit dem seltsamen Namen Alessandro, rasierter Kopf, Mitte 50. Jeden Morgen kaufte er mir das Frühstück mit Cappuccino und Croissant mit Konditorcremefullung. Ich war besser dran als damals, als ich noch meine Kreditkarte hatte, er bezahlte mir jeden Mittag und Abend die Mahlzeiten, Kebab, Pizza etc. Kurzum, ich hatte manchmal Mahlzeiten für dreißig, ohne Hunger zu haben, also gab ich das, was ich nicht aß, an andere Obdachlose weiter.

Jedes Mal lehnte ich das alles ab, aber er zwang mich, es zu akzeptieren und ich sagte ihm: "Aber ich habe dir nichts zu bieten". Er sagte mir, dass er keine Familie habe und dass ich ein guter Junge sei und dass ich sein Sohn geworden sei. Er sagte, ich sei verrückt, weil ich allein mit dem Auto nach Rom gefahren sei und dass es für mich gefährlich sei, und ich sagte natürlich: "Ja, ja".

Später lernte ich den Palästinenser Kalil kennen, einen braunhaarigen Mann mit braunen Augen in den Dreißigern, der mir oft mit Tabak aushalf, obwohl er keine Papiere hatte und für einen Euro pro Stunde arbeitete. Er war mein Bruder im Herzen geworden. Das Einzige, was ich von meinem Bankkonto ausgeben konnte, war Uber Eat, also bezahlte ich ihm McDonald's, wenn er Hunger hatte.

Nach Feierabend lief ich nur noch herum, suchte den Boden nach Zigarettenstummeln ab und fand eine ganze Menge. Kurzum, ich hatte dort keinen Mangel an Rauch und alles, was ich wirklich brauchte, war das hier. Essen war noch nie mein Ding gewesen, außer Nudeln. Ich duschte in der Kirche und ein verdammter Priester, bei dem ich beichten wollte, verweigerte mir die Beichte. In meinem Kopf garantierte ich ihm, dass er am Tag des Jüngsten Gerichts einen hohen Preis dafür zahlen würde, er und sein Porsche, der fette Bastard.

Ich ging zur Messe, beschützte meine Frau, die Jungfrau Maria, und machte Selfies von mir in den Kirchen. Da ich verstanden hatte, dass Himmelsvater, der ich war, sich nicht mit einer so primitiven Frau wie Mutter Erde, Camille, vergnügen konnte und dass meine Wahl nun auf Mutter Himmel, also die Jungfrau Maria, meine neue Eva, fiel. Nun sind zwei Wochen um und ich gehe oft zu einem kleinen Platz in Tiburtina, wo es einen

Kinderspielplatz und Bänke mit älteren Menschen gibt, mit denen ich es gewohnt war, zu delirieren. Zwei Gestalten sprachen mich an, ein alter und ein junger Mann, und sagten auf Italienisch: "Hallo, Alexandre Bertorello geboren in Toulon am 29. Oktober 1994?" Ich erwiderte: "Ja, das bin ich, aber woher wissen Sie das?". Sie sagten mir: "Wir wissen viel über dich, Alexandre". Sie nahmen mich am Arm und sagten: "Komm mit uns, wir sind hier, um dich zu beschützen". Sie ließen mich in ihr Auto steigen, es handelte sich um unauffällige Polizisten. Sie sagten mir, dass ich ein guter Junge sei und dass sie mich nicht in die Psychiatrie bringen würden. Ich wusste genau, dass das nicht stimmte, aber ich tat so, als würde ich ihnen glauben, dass ich "Luzifer" bin, der Versucher, der anderen ihren freien Willen und damit ihre Sünden erkennen lässt. Wir nannten uns Brüder und ich war ihr großer Bruder, der Big Brother.

Sie brachten mich ohne Überraschung in die Psychiatrie in den Pavillon, aus dem ich geflohen war, während sie mich H24 anlogen, indem sie mir anfangs sagten, ich würde ein paar Stunden gefesselt werden, bevor sie mich freiließen. Die paar Stunden dauerten acht Tage mit einem Katheter in der Harnröhre und Neuroleptika-Injektionen alle drei Stunden. Krankenpfleger wechselten sich ab, um mich zu überwachen.

Es gab einen super verrückten Krankenpfleger, den ich anhimmelte, der angewidert war, mich so gefesselt zu sehen, aber wir verbrachten die Zeit damit, über alles Mögliche zu reden. Ich sah auch einen stämmigen Pfleger, der zu mir sagte: "va fan culo", was auf Französisch "va te faire enculer" bedeutet. Während ich gefesselt war, sah ich ihn mit einem Blick des Todes an und sagte auf Spanisch und Italienisch "yo va fan culo?".

Das Gute an der Psychiatrie in Italien ist jedoch, dass die Ärzte im Gegensatz zu Frankreich sehr präsent sind. Ich hatte morgens einen Besuch des diensthabenden Psychiaters und nachmittags einen Besuch bei all den kleinen Studentinnen, die ich mit meinem Prostatakatheter anmachte (vor Lachen). Der Tag X kam und der italienische Krankenwagen holte mich ab. Sie brachten mich vom Bett auf die Trage, wobei sie darauf achteten, dass ich nicht entwischte, und dann blieb ich in einer "Razmoket"-Höschenwindel in ihrem verdammten Krankenwagen gefesselt. Sie kauften mir trotzdem ein Dreieckssandwich mit Huhn, ließen mich aber natürlich nicht rauchen, damit ich nicht entwischen konnte.

Jedenfalls hatte meine Raucherkur acht Tage gedauert und ging weiter. Die Sanitäter hingegen waren cool, also war alles in Ordnung, wir redeten über Spanien, Reisen und viele andere Dinge.

Als ich in Ventimiglia ankam, war ich zu glücklich, bei der Eröffnung des Krankenwagens Pierre von der Odyssee wiederzusehen. Dann gab es noch Laura, die ich ebenfalls sehr schätze, und den Ambulanzfahrer Jean-Pierre, den ich anfangs nicht kannte, den ich aber eigentlich super nett finde. Sie haben mich direkt losgebunden, sie haben den Italienern gesagt: "Mit dem brauchen wir nichts zu tun, der kennt uns gut", also haben sie es getan. Ich stieg also in den Krankenwagen von Henri Guérin und fuhr mit meinem Kriegsgeneral Marc Antoine, der auf dem Schlachtfeld anwesend war, zum Startpunkt in Les Palmiers 1, fragen Sie mich nicht, was dieser Verrückte schon wieder gemacht hat.

Ich war froh, als ich nach Hause kam und das Pflegeteam wiedersah. Ich sagte ihnen, dass das hier im Vergleich zu der Psychiatrie in Italien die Balearen seien.

Es heißt ja auch nicht umsonst "Les Palmiers 1"! (lacht sich tot). Ich war superglücklich, Céline-Aphrodite und ihren Herzensbruder Max den Großen, Marie, meinen Kumpel Saint-Laurent, Aurélien, den kleinen Nicolas, Myriam, die Druidin des Stammes, Marc Zuckerberg und vor allem meine stilvolle italienische Ärztin Valentina wiederzusehen, die mich auch in der Odyssee zusammen mit Madame Geneviève betreut, aber sie schon seit dem CMP.

Als Valentina zwei Tage nach meinem Wiedereintritt auf der Station ankam, ließ sie mich sofort wieder in die Odyssee eintreten; ehrlich gesagt, ich liebe sie zu sehr. So bin ich wieder in der Odyssee gelandet, von wo aus ich diese dritte Ausgabe schreibe, mit Pierre, demjenigen, der mich abgeholt hat, dem Hahn im Hühnerstall der Krankenschwestern der Odyssee (totgelacht). Mit Prinzessin Hélène, meiner Zwillings- und Herzensschwester Magalie, die wie ich am 29. Oktober geboren wurde, kurz, mit dem ganzen Team, das ich in den Danksagungen am Ende dieser Ausgabe ausführlich beschreiben werde.

Was die Patienten angeht, gibt es keine großen Veränderungen: viel Elend, Unglückliche, Leute, die sich beschweren, aber auch glückliche Menschen, eine Hutmacherin, die ich verehre, Fabienne, Jerome, ein alkoholabhängiger Kollege, mit dem wir tolle Pokerabende im Krankenhaus hatten, und Iliès, mein Kumpel, mit dem ich herumtollte. Kurz gesagt, wenn man in der Psychiatrie ist, hat man das Gefühl, zu einer großen Familie zu gehören, das Krankenhaus ist wie ein Dorf. Mit einem großen Park und dem Real Martin, in dem man sich abkühlen kann, wenn es zu heiß wird. Wir waren ein gutes Team, weil viele Menschen in der Psychiatrie ein-

und ausgehen, was mir die Möglichkeit gab, alle möglichen pathologischen Fälle kennenzulernen, insbesondere Borderliner wie Agathe, eine sehr schöne blonde Göttin mit blauen Augen, mit der ich ausging und die ich in meinem Wahn für die Jungfrau Maria oder Eva hielt, weil sie das Sternzeichen Jungfrau mit Aszendent Krebs hatte. Ich hatte ihr eine Kleeblattdame geschenkt, die sie immer bei sich trug, denn die Kleeblattdame mit dem Namen Argine (Anagramm von Regina, was Königin bedeutet) ist die Königin des Kleeblattkönigs, der, wie ich bereits sagte, Alexander heißt. Ich liebte sie abgöttisch, zu sehr, um bei ihr geradeaus zu sein. Nach meiner Entlassung habe ich sogar eine Wohnung mit ihr in Toulon genommen, aber leider hat diese Geschichte noch nicht lange gehalten. Ich bin zu verrückt, um mit einem so ordentlichen Mädchen zusammenzubleiben.

Der Rest sieht für mich jedenfalls und vor allem 2023 wunderbar besser aus, vor allem weil ich während der Ferien das exklusive Recht habe, von Dr. Genevieve betreut zu werden. Außerdem habe ich mich mit Marine wieder angefreundet, mit der ich jetzt zusammen bin. Ich bin die Königin meines Märchenreichs, weil ich weiß, dass sie trotz allem, was passieren kann, für mich da sein wird und ich für sie da sein werde. Ich liebe sie und möchte sie nie wieder hergeben. Sie ist absolut meine ganze Welt, mein Universum geworden. Ich bin nach Saint-Mandrier-Sur-Mer gezogen, eine nette Halbinsel gegenüber von Toulon, mit meinen Katzen, die ich seit kurzem habe. Ehrlich gesagt geht es mir allmählich besser, vor allem dank der Injektion von Abilify. Das ist ein lang wirkendes Neuroleptikum, das es mir ermöglicht, mich in einem stabilen Zustand zu halten, ohne weitere Medikamente einnehmen zu müssen. Abgesehen davon, dass mich alle

28 Tage ein Pfleger des CMP spritzen muss, habe ich die Freiheit und die Sicherheit, ein halbwegs normales Leben mit der Frau meines Lebens zu führen. Ich habe immer noch das Gefühl, dass das Damoklesschwert eines manischen Anfalls über meinen Schultern hängt, aber ich versuche, es zu ignorieren und mein ruhiges kleines Leben als stabile bipolare Person fortzusetzen.

Leider neigt sich mein Buch für Sie dem Ende zu. Ausgezeichnete Fahrt an alle und vielen Dank!

Ende der dritten Auflage
Danksagung

Großer Dank an das Pflegepersonal, alle meine Brüder und Schwestern oder Vater oder Mutter des Herzens. So an das gesamte Personal von Palmiers 1: IDE[15] : Myriam die Druidin, Athena (Noémie), ihr König mein großer Kumpel Denis, Marie, die lustige Informatikerin, Marc Zuckerberg, Vincent, mein Bruder Aurélien. Eine tolle Person Max Bruder meines kleinen Aphrodite-Schützlings Céline, die Blonde, mein großer Bruder Mathieu, der Krankenpfleger, und der kleine Neue Mathieu, der ebenfalls Krankenpflegehelfer ist, der kleine Nicolas, mein großer Bruder Saint-Laurent, Pierre, mein kleiner Liebling mit seinen Satelliten an den Ohren und seinen verrückten Tattoos, Stéphane, Diego "Maradona, la mano de dios" (Maradona, die Hand des Herrn).

AS[16] : Laurence die Konventionelle. Marjorie die Pharaonin aus Ägypten, Eddy ein Supertyp, Eric.

ASH[17] : Fabienne, die nette Blondine, Ginette, die auch lustig ist und ihre mystischen Wahnvorstellungen hat, und Nacera.

---

[15] IDE: Staatlich geprüfter Krankenpfleger.

[16] AS: Pflegehelfer/in

[17] ASH: Agent für Krankenhausdienste

Das gesamte Personal von Palmiers 2, das ich leider nicht im Kopf habe, außer Stéphane, meinem zukünftigen Butler, und schließlich das gesamte Personal von Odyssée "le poulailler", dem offenen Dienst, der angesichts der Anzahl der Ausreißer manchmal geschlossen bleibt, fast offen ist.

Mit Nathalie, IDE, als neuer und toller Führungskraft: Laureen, die Schachkönigin (aber nicht Mathe, naja, ich weiß nicht) Christelle die sanfte charmante und wohlwollende blonde Krankenschwester auch, Pierre der Hahn des Hühnerstalls "Pierrot mon gosse mon frangin mon poto qui me tient chaud", Rémi mein Kumpel, der World Of Warcraft spielte, den ich wahrscheinlich den Geek nennen werde, weil ich auch ab und zu einer bin.

Die süße Lysianne, die manchmal blasiert ist, aber die ich verehre, Valerie aus der Nachtschicht, die ich bei meinem Ausflug nach Rom beleidigt habe, was ich aber bereue. Véronique, die sich nicht an die Regeln hält, aber eine echte Glucke ist, Christian "Dior", alle aus der Nachtschicht und Magalie, meine am 29. Oktober geborene Zwillingsschwester mit Skorpionherz, die sich ein bisschen zu sehr um mich sorgt, obwohl ich das gar nicht nötig habe.

Virginie, die wunderschöne Blondine, die früher bei der Armee war, die viel schießt und Sport treibt und die ich wirklich für ihre Bescheidenheit, ihre Diskretion, ihre Sanftheit, ihre Disziplin, ihre Freundlichkeit und vor allem ihre Intelligenz liebe. Dann die Pflegehelfer, also noch eine Virginie, die Mutter meines Herzens, die immer da ist, wenn ich beleidigt bin, Karima von der Nachtschicht, die Schneiderin aus der alten Zeit, Marina, eine weitere ägyptische Pharaonin, Audrey, das coole Mädchen mit ihrer Bob-Marley-Tasche, no woman no cry", Annie, meine Frau aus dem Abgrund", Hélène, meine Mutter des Herzens, die ich auch sehr liebe, die immer da ist, wenn es mir nicht gut geht, und die neben meiner Großmutter wohnt.

Das gesamte Poolteam[18] : Sandra, die schöne Brünette, Emma, die Skorpionin, die man auch nicht stechen darf, also vermeide ich sie jetzt, aber ich liebe sie, Virginie, die "Warrior" und William, der "Gelassene", die anderen Namen habe ich auch nicht im Kopf.

Die letzten Superhelden sind an der Reihe, das ASH-Team der Odyssee mit Jess, einer weiteren Skorpionin, die hart arbeitet, Philippe und seinem alten VW Golf, den ich liebe, und seinem Temperament als hypercooler und wirklich netter Kerl; Marjorie, der kleine Liebling, der immer da ist, um mich zu feiern, sowie Axel, der Neue, und schließlich noch eine Céline, aber diese ist verrückt wie eine Furie, ein bisschen wie ich auch.

All das soll sagen, dass ich mit der Rolle der Medizin und der Krankenhäuser sehr zufrieden bin.
Ich bin auch voll und ganz dankbar, da mir bewusst ist, dass leider nicht alle Kranken einen solchen Zugang zu medizinischer Versorgung haben, wie ich ihn hatte.

Ohne diese Strukturen weiß ich nicht, wie mein Leben aussehen würde, ich hätte dieses Schreiben wahrscheinlich nicht teilen können.

Aus diesen Gründen richte ich ein großes Dankeschön an die Psychiater, auch wenn ich mit einigen von ihnen viele Konflikte erlebt habe. Ein riesiges Dankeschön an meine beiden Psychiater, die ich sehr schätze, mit Geneviève, die mich seit einigen Jahren und auch heute

---

[18] Pool: Mobiles Team.

noch betreut. Valentina, dass ich zubeiße, wenn man sie anfasst.

Ein großes Dankeschön an die Sozialarbeiterinnen, insbesondere Mélanie von der Odyssée, die mir bei meinen administrativen Schritten enorm geholfen hat, und eine weitere Virginie von der Agentur 007 der Sozialhilfe sowie an die Psychologen und Krankenschwestern der CMP in Cuers und La Garde.

Schließlich ein großes Dankeschön an meinen Vater, meinen Onkel, meine Großmutter, meinen Großvater, meinen Bruder Elie, Christiane, eine langjährige Freundin meines Vaters, die gerade meinen Bruder unter ihre Fittiche genommen und ihn nach Spanien gebracht hat, wo er aufblüht.

Kurz gesagt: Ich würde sterben, wenn ich müsste, um all diese Menschen zu schützen, da es ihnen in gewisser Weise darum ging, mir das Leben zu retten.

Daher ist es meine Aufgabe, ihre zu retten. Ich wollte auch einen großen Daumen für die Krankenpflegehelfer- und Krankenpflegeschüler aussprechen, die hier vorbeilaufen, Praktikanten, die sich wirklich gut machen. Nicht zu vergessen sind die Verantwortlichen für die Cafeteria: Ricou, der mich "Galoupio" nennt, und Nathalie, die versucht, mich zu beruhigen, wenn ich mit den Patienten durcheinander komme.

Ich habe auch große Bewunderung für die verschiedenen Leiter der Zentren für Mitarbeiteraktivitäten des Kunstateliers Jean-Marie, Barbara und Sandrine. Der sehr große und mutige Leiter des Gemüsegartens Christophe, der ein Herz aus Gold mit einer magischen Persönlichkeit hat, die sich um die Pflanzen des Krankenhauses kümmert, egal zu welcher Jahreszeit.

Schließlich ein großes Dankeschön an die mutigen Herrchen der Tierfarm, darunter Eric mit ebenfalls eisernem Mut und einer Persönlichkeit aus Gold und die süße und schöne Blondine Valerie, sowie an die Betreiber des Sportkomplexes Loulou Gaffre und ein großes Dankeschön an Adeline, die die Reittherapie leitet.